本書で取り扱った主なステートメント（続き）

名称	機能	使用例		頁

With...
End With
	同一オブジェクトに対するプロパティなどの記述を簡略化する	```With Selection.Font
		  .Color = RGB(255, 0, 0)
		  .Size = 16
		End With```
			選択された文字の色をRGB関数RGB(255, 0, 0)(赤)に，サイズを16ポイントにする	31

本書で取り扱った主なメ...

名称	機能	使用例		頁
Activate	セル，シート，ウィンドウなどをアクティブにする	`Range("E2").Activate`	...アクティブにする	87
Add	シートなどを追加する	`Sheets.Add`	シートを追加する	83 87
AddItem	コンボボックスに表示する項目を設定する	`ComboBox1.AddItem "法学部"`	コンボボックスに「法学部」という項目を追加する	69
AdvancedFilter	オプション設定によるフィルターを実行する	`Range("A3:H33").AdvancedFilter`	セル範囲「A3:H33」を対象に，オプション設定によるフィルターを実行する	113
AutoFilter	オートフィルターを実行する	`ActiveCell.AutoFilter`	アクティブセルを対象にオートフィルターを実行する	113
Close	アクティブなブックを閉じる	`Workbooks("Jusyo.xlsm").Close`	ブック「Jusyo.xlsm」を閉じる	91
Copy	セル範囲やシートをコピーする	`Selecticn.Copy`	選択された範囲をクリップボードにコピーする	26 85
Cut	セル範囲やシートを切り取る	`Selection.Cut`	セル範囲を切り取りクリップボードにコピーする	27
Delete	セル範囲・行・列・シートを削除する	`ActiveSheet.Delete`	アクティブシートを削除する	85
Open	ブックを開く	`Workbooks.Open Filename :="Abc.xlsm"`	ブック「Abc.xlsm」を開く	86
Paste	クリップボードの内容を貼り付ける	`ActiveSheet.Paste`	あらかじめ選択された位置に，クリップボードの内容を貼り付ける	26 85
PrintOut	セル範囲・シート・ブックを印刷する	`ActiveSheet.PrintOut`	アクティブシートを印刷する	99
PrintPreview	セル範囲・シート・ブックの印刷プレビューを表示する	`ActiveSheet.PrintPreview`	アクティブシートの印刷プレビュー画面を表示する	99
Select	セル範囲・シートを選択する	`Range("A1:E5").Select`	セル範囲「A1:E5」を選択する	12
Show	ユーザーフォームを表示する	`UserForm1.Show`	ユーザーフォームUserForm1を表示する	74
Shapes. AddChart2	グラフを作成する	`Shapes.AddChart2(317, xlRadarMarkers).Select`	レーダーチャートを作成する	116
Sort	データを並べ替える	`ActiveCell.Sort Key1 :=Range("F4"), Order1 :=xlAscending`	セル「F4」の項目をキーとして昇順に並べ替える	112

学生のための
Excel VBA 第2版

若山芳三郎 著

TDU
電機大
出版局

Microsoft Windows，Microsoft Word，Microsoft Access，Microsoft Excel，Microsoft PowerPoint，Microsoft Visual Basic for Applicationsは，米国Microsoft Corporationの米国およびその他の国における登録商標です．

その他，本書中の製品名は，一般に各社の商標または登録商標です．

本文中では，™および®マークは明記していません．

まえがき

　現在，ほとんどの職場において，パソコンは1人1台の時代となり，パソコンを使えないと仕事ができないようになってきた．職場でパソコンを利用するとき，最もよく利用されるのはインターネットとアプリケーションソフトExcelである．

　Excelは，表計算機能のほか，データベース機能やグラフ作成機能などを持つ統合型のソフトウェアである．このためExcelの使い方をマスターするだけで，かなりのデータ処理ができるようになる．また，Windows上で動作するWord，Access，PowerPointなどのアプリケーションソフトのデータとの連携も容易にできる．

　このように，Excelは非常に優れたソフトではあるが，キーボードとマウスによる操作だけでは限界があり，条件により処理の流れや手順を変えたり，データを変えて類似の処理を繰り返し行うなどの複雑な処理はできない．このようなことを可能にするのが，Visual Basic for Applications（略してVBA）である．

　Excelには，キーボードとマウスによる操作を記録し，それをマウス操作で呼び出すことで，記録した操作を簡単に再現するマクロ機能がある．このように作成したマクロもプログラムの形で保存されるが，この方法では，キーボードとマウスによる操作で可能な範囲の処理しかできない．

　一方，VBAを使用すれば，自動記録によるマクロを発展させて，キーボードとマウスによる操作では不可能な処理ができるだけでなく，オリジナルなダイアログボックスやツールバーなどを作成したり，操作を簡略化して，Excelの経験が浅い人でも容易に複雑な処理ができるようになるという特徴がある．

　したがって，VBAをマスターすれば，Excelの活用の幅はより一層広がる．また，ExcelにおけるVBAの知識は，ほかのアプリケーションソフトのマクロでも活用できる．

　VBAには多くの便利な機能があるが，限られた授業時間の中で，これらの機能のすべてを学習するのは困難であり，またその必要もない．本書では，必要な項目を精選して解説している．これだけ学習しておけば，日常のデータ処理において困ることはほとんどないと思う．なお本書は，Excelの操作方法などについて，一通りの知識があることを前提として記述してある．したがって，Excelの基本的な知識に自信がない方は，まず，Excelについて学んでから，本書を読んでいただきたい．

　本書で皆さんがExcel VBAを学習し，Excelをより一層活用されることを期待している．

　最後に，いろいろな助言をいただき編集の労をとっていただいた坂元真理さんと石井理紗子さんに感謝の意を表したい．

2016年11月

著者しるす

目　次

第1章　マクロとVBA

1・1　マクロとVBA ··· 1
　① マクロ ··· 1
　② VBA ··· 1
1・2　自動記録によるマクロの作成と実行 ·· 2
　① ［開発］タブの表示 ··· 2
　② マクロの作成 ··· 2
　③ マクロの実行 ··· 5
1・3　マクロの保存と削除 ·· 5
　① マクロを含んだファイルの保存 ··· 5
　② マクロの削除 ··· 6
演習問題 ·· 6

第2章　VBAによるマクロの作成

2・1　VBEの起動・画面構成・マクロの修正 ··· 7
　① マクロの起動・表示 ··· 7
　② VBEの画面構成 ··· 8
　③ マクロの修正 ··· 8
2・2　簡単なマクロの作成 ·· 9
　① コードの入力 ··· 9
　② マクロの実行と保存 ··· 10
　③ マクロコードの詳細 ··· 11
2・3　オブジェクトからのマクロの実行 ··· 12
　① メッセージボックスを表示するマクロ ·· 12
　② 図形の挿入とマクロの登録 ·· 13
演習問題 ·· 14

第3章　VBAの基礎事項

3・1　オブジェクト・コレクション・メソッド・プロパティ ……… 15
- ① オブジェクトとコレクション ……… 15
- ② メソッドとプロパティ ……… 15

3・2　プロジェクトエクスプローラーとモジュール ……… 16
- ① プロジェクトエクスプローラー ……… 16
- ② モジュール ……… 17

3・3　プロシージャの構造 ……… 17
- ① プロシージャとプロシージャの種類 ……… 17
- ② Sub プロシージャの構成 ……… 18

第4章　VBAプログラミングの基礎

4・1　変数の使い方と計算 ……… 20
- ① コード例と説明 ……… 20
- ② 変数・変数名・定数 ……… 21
- ③ データ型と型宣言 ……… 21
- ④ 計算式の書き方と演算子 ……… 23

4・2　セルの選択とコピー ……… 23
- ① コード例と説明 ……… 24
- ② セルの絶対参照 ……… 25
- ③ セルの相対参照 ……… 25
- ④ セルまたはセル範囲のコピーと移動 ……… 26

4・3　条件による分岐 ……… 27
- ① 1つの条件による分岐　If … Then … Else … End If ステートメント ……… 27
- ② セルのフォントの設定 ……… 29
- ③ With ステートメント ……… 30
- ④ 複数の条件による分岐　If … Then … ElseIf … Else … End If ステートメント ……… 31
- ⑤ 条件が多いときの分岐　Select Case ステートメント ……… 33

4・4　繰り返し処理 ……… 35
- ① Do While … Loop による繰り返し処理 ……… 35
- ② Do … Loop と Exit Do ステートメント ……… 36

- ③ For ... Next ステートメント　38
- ④ 二重の繰り返し　39

4・5　メインプロシージャとサブプロシージャ　42
- ① メインプロシージャとサブプロシージャ　42
- ② 引数を取るサブプロシージャ　43

4・6　配列　45
- ① 一次元配列　45
- ② 配列要素の並べ替え　47
- ③ 二次元配列　49

演習問題　51

第5章　ユーザーインターフェース

5・1　メッセージボックス　56
- ① メッセージボックスの表示　56
- ② MsgBox関数を使った分岐処理　57

5・2　簡単なユーザーフォームの作成　58
- ① ユーザーフォームの作成　58
- ② コントロール　59
- ③ ラベルの表示　60
- ④ テキストボックスの作成　62
- ⑤ コマンドボタンの作成　62
- ⑥ イベントプロシージャの記述　63
- ⑦ マクロの実行　64

5・3　項目を選択するユーザーフォームの作成　65
- ① オプションボタンの使い方　66
- ② コンボボックスの使い方　68
- ③ チェックボックス　69
- ④ スピンボタン　連続したデータの入力　70

5・4　配列とArray関数　75

演習問題　79

第6章　シートとブックの取り扱い

6・1　ワークシートの取り扱い ……………………………………………… 82
① シートの追加とシートの名の変更 …………………………………………… 82
② 表のコピー ……………………………………………………………………… 84
③ シートの削除 …………………………………………………………………… 85

6・2　ブックの取り扱い …………………………………………………… 86
① ブックを開いて参照する ……………………………………………………… 86
② ブックの作成と保存 …………………………………………………………… 87
③ ブックのパス名, ブック名の参照 …………………………………………… 88

6・3　複数のブックやシートを1つにまとめる ………………………… 88
① 複数ブックからのデータのコピー …………………………………………… 89
② 複数シートのデータの集計 …………………………………………………… 92

演習問題 ……………………………………………………………………………… 94

第7章　知っていると便利な機能

7・1　ワークシートの印刷 ………………………………………………… 96
① シートの印刷 …………………………………………………………………… 97
② 集計シートの印刷 ……………………………………………………………… 99
③ ページ設定と印刷設定 ………………………………………………………… 100

7・2　関数の利用 …………………………………………………………… 102
① 合計・平均・順位を求める　SUM・AVERAGE・RANK 関数 ………… 102
② 表の検索　VLOOKUP 関数 ………………………………………………… 104
③ データベース関数の使い方　DAVERAGE 関数 ………………………… 108

7・3　データベース ………………………………………………………… 110
① 並べ替え ………………………………………………………………………… 111
② オートフィルターによる抽出 ………………………………………………… 112
③ フィルターオプションによる抽出 …………………………………………… 113

7・4　グラフの作成 ………………………………………………………… 114
① 学生別成績表の作成 …………………………………………………………… 115
② グラフの作成 …………………………………………………………………… 115
③ 印刷 ……………………………………………………………………………… 117

7・5　クイックアクセスツールバーへのマクロの登録 ･････････････････････････ 117
　① ボタンの登録 ･･･ 118
　② ツールバーからのマクロの実行 ･･･ 119
演習問題 ･･･ 119

第8章　デバッグとエラー処理

8・1　VBAのエラー ･･･ 124
　① 構文エラー ･･･ 124
　② 実行時エラー ･･･ 125
　③ 論理エラー ･･･ 125
8・2　デバッグの方法 ･･･ 125
　① ブレークポイントの設定 ･･･ 125
　② ステップインによる実行 ･･･ 126
　③ ローカルウィンドウの利用 ･･･ 127
　④ ウォッチウィンドウの利用 ･･･ 128
8・3　エラーメッセージの表示 ･･･ 129
演習問題 ･･･ 132

索引 ･･･ 133

- 本書の動作確認は，Microsoft Excel 2016（Windows版）で行っています．
- 本書に掲載したプログラムと演習問題解答は，ホームページからダウンロードできます．
　　　東京電機大学出版局ホームページ　　http://www.tdupress.jp/
　　　［トップページ］→［ダウンロード］→［学生のためのExcel VBA　第2版］

第1章 マクロとVBA

本章では，Excelの操作をプログラム化して操作を簡単にする「マクロ」と，このマクロを作成するために使用するVBAのあらましを学ぶ．

1・1 マクロとVBA

マクロ

同じ処理を何回も繰り返し行うとき，その都度，マウスやキーボードを操作するのは面倒である．このような場合は，処理手順をあらかじめ登録しておくと，複雑な処理がワンタッチで行えるようになる．これを**マクロ機能**という．マクロ機能には次の特徴がある．

(1) 操作が簡単になる：日常の定型業務をマクロ化しておくことにより，Excelの使い方をよく知らない人でも，簡単にデータ処理を行うことができる．

(2) 処理が正確になる：操作が簡単になるので，操作ミスが少なくなる．

(3) 高度な処理ができる：VBAを用いてマクロ命令を作成することにより，通常のマウス操作やキー操作ではできない高度な処理，例えば「条件により処理内容を変更する」「同じ処理を必要なだけ繰り返す」などが可能になる．

VBA

VBA (Visual Basic for Applications) は，1994年にMicrosoft社で開発されたプログラミング言語である．Windowsアプリケーション開発用のプログラミング言語「Visual Basic」を基に，マクロ作成用の言語として作成された．VBAには，次の特徴がある．

(1) VBAは，Excel，Word，Access，PowerPointなど，Microsoft Officeのアプリケーションソフト共通のマクロ言語である．したがって，ExcelのVBAを学習すれば，他のソフトのマクロを作成するときに応用できる．

(2) マクロを作成するソフトウェア環境 (VBE) も，Microsoft Officeの各ソフトで共通している．

(3) Visual Basic.NETの基本的な文法や考え方が応用できる．

1・2 自動記録によるマクロの作成と実行

① [開発]タブの表示

初期状態のExcelには，VBAの起動ボタンが含まれる[**開発**]タブが表示されていない．マクロを作成するにはまず，[**開発**]タブを表示しておく必要がある．

手順
❶ [**ファイル**]タブ→[**オプション**]を選択する．
❷ [**リボンのユーザー設定**]を選択する．

❸ [**開発**]タブをチェックする．
❹ [**OK**]をクリックする．
❺ [**開発**]タブが表示される．

② マクロの作成

マクロを作成するには，実際に行った操作を自動記録機能で保存する方法と，マクロで実行する内容をVBAとしてキーボードから直接入力する方法がある．

マクロの自動記録は，ユーザーが行った操作を自動的にマクロとして記録する機能である．記録した操作を実行するには，「マクロ」ダイアログボックスで記録時に指定したマクロ名を選択する．自動記録で作成したマクロは，そのままでは条件によって処理を変えることなどはできないが，記録されたマクロをVBAを使って修正すれば，このような分岐処理などを追加できる．

1・2　自動記録によるマクロの作成と実行　　3

例題 1-1　並べ替えマクロの作成と実行

次の「ゴルフ部員名簿」について,「①学年の降順に並べ替えるマクロ」と「②番号の昇順に並べ替えるマクロ」を自動記録により作成しなさい.また,作成したマクロを実行し,マクロによる処理が正しく実行されることを確認しなさい.

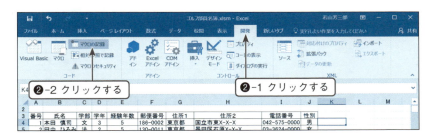

自動記録によるマクロの作成では,マウスやキーボードによる操作がそのまま記録されるので,無駄な操作をしないよう心がけるとともに,あらかじめ記録する操作のリハーサルをしておくとよい.

❏ **自動記録の準備**　　並べ替え操作をする前に,マクロ記録の準備をする.

手順

➡「ゴルフ部員名簿」をあらかじめダウンロードしておく.

❶「ゴルフ部員名簿」ファイルを読み込み,表示しておく.
❷[**開発**]タブ→[**マクロの記録**]をクリックする.

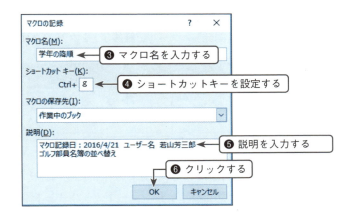

❸「マクロの記録」ダイアログボックスにおいて,[**マクロ名(M)**]に「学年の降順」と入力する.

➡ ❹によって，記録したマクロが Ctrl + g で呼び出せるようになる（詳しくは5ページ参照）．

手順 ➡

❹ [ショートカットキー(K)] に「g」と入力する．
❺ [説明(D)] に，適宜説明を入力する（日付，作者名，マクロの内容など）．
❻ [OK] をクリックする．

❑ マクロの記録　　マクロとして記録する並べ替え操作を行う．
❶ 並べ替えるデータの範囲内（範囲内であればどこでもよい）をクリックするか，または，フィールド名を含めたセル範囲（この例では「A3:J43」）を範囲指定する．
❷ [データ] タブ → [並べ替え] をクリックすると，並べ替えの範囲が灰色に反転して選択されるとともに，「並べ替え」ダイアログボックスが表示される．

❸ [先頭行をデータの見出しとして使用する(H)] がチェックされていることを確認する．
❹ [最優先されるキー] で「学年」を，[順序] で「降順」を選択する．
❺ [OK] をクリックする．

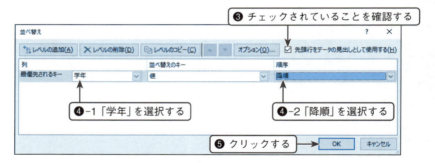

❻ [開発] タブ → [記録終了] をクリックする．

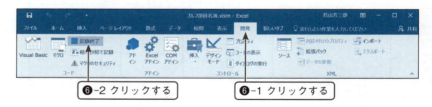

❼ 同様にして「番号」の昇順に並べ替えるマクロを作成する（マクロ名を「番号の昇順」，ショートカットキーを「b」とする）．

1・3 マクロの保存と削除　5

③ マクロの実行

作成したマクロを実行し，正しく動作することを確認する．

手順

❶［開発］タブ→［マクロ］をクリックして，「マクロ」ダイアログボックスを表示する．

❷「学年の降順」マクロを選択し，［実行(R)］をクリックすると，マクロが実行される．

➡ ❶～❷の操作の代わりに，記録時に指定したショートカットキー（Ctrl＋g）を押せば，同じようにこのマクロが実行される．

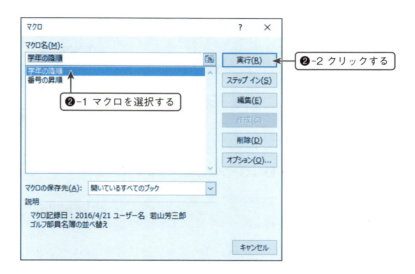

1・3　マクロの保存と削除

① マクロを含んだファイルの保存

マクロを追加したファイルは，マクロが実行できるファイル形式で保存する必要がある．

手順

❶［ファイル］タブ→［名前を付けて保存］→［参照］をクリックする
❷保存場所を選択する．
❸［ファイルの種類(T)］において，「Excelマクロ有効ブック」を選択する．
❹［保存(S)］をクリックすると，マクロが実行できる形式でファイルが保存される．

2 マクロの削除

不要になったマクロは削除できる．ここでは，先ほど作成した「番号の昇順」マクロを削除する手順を示す．

手順

❶ [開発] タブ→ [マクロ] を選択し，「マクロ」ダイアログボックスを表示する．

❷ 削除するマクロ「番号の昇順」を選択し，[削除(D)] をクリックする．

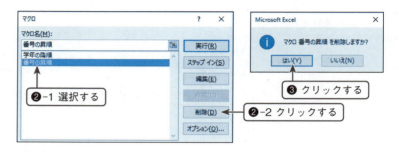

❸ [はい(Y)] をクリックする．

演習問題

1. 例題1-1のゴルフ部員名簿において，次の処理を行うマクロを自動記録により作成しなさい．
   (1) 学年の昇順，かつ，学年が同じときは経験年数の昇順になるよう並べ替える．
   (2) 性別の昇順，かつ，性別が同じときは学年の降順になるよう並べ替える．

   ➡ 性別の昇順では，男，女の文字コードの昇順となる．

2. 例題1-1のゴルフ部員名簿において，次の処理を行うマクロを自動記録により作成しなさい．
   (1) 文学部の女性部員をオートフィルターにより抽出する．
   (2) 抽出を解除する．

第2章 VBAによるマクロの作成

　この章では，自動記録により作成したマクロの一部を変更する方法を学んだ後，初めからVBAでマクロを作成する方法を学習する．

2・1　VBEの起動・画面構成・マクロの修正

　ここでは，マクロの編集に使うVBEについて説明した後，例題1-1で作成したマクロをVBAを使って修正する方法を学ぶ．

> **例題2-1　マクロの修正**
>
> 　例題1-1で作成した「学年の降順」マクロ（ゴルフ部員名簿を学年ごとに降順に並べ替えるマクロ）を修正して，並べ替え方法を降順から昇順に変更しなさい．

1　マクロの起動・表示

マクロを修正する前に，マクロの内容を表示する．

 手順

➡ VBEについては次項を参照．

❶ ファイル「例題1-1」を開き，ファイル名を「例題2-1」として別の名前で保存しなおす．
❷ [**開発**]タブ→[**Visual Basic**]を選択して，VBEを起動する．
❸ 表示されたウィンドウの左側のパネルから[**標準モジュール**]をクリックして展開し，その中にある[**Module1**]をダブルクリックする．
❹ 次のように，マクロの内容が表示される．
　画面内の各要素については，次項で説明する．

8 第2章　VBAによるマクロの作成

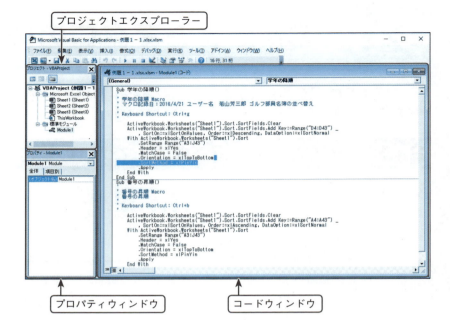

2 VBEの画面構成

　先ほど表示されたウィンドウが，VBAによりマクロを作成するVisual Basic Editor（VBE）の画面である．VBE上で，VBAを使ってプログラミングを行うことで，様々なマクロを作成することができる．VBEの画面は，メニューバーとツールバーの他，次の要素で構成されている．

□**プロジェクトエクスプローラー**　　現在作業中のブックの構成（先ほどの例では，3つのExcelのシートと1つの標準モジュール）などが示される．

□**プロパティウィンドウ**　　プロジェクトエクスプローラーに表示される各要素について，各種の設定などを行う画面である．自動記録したマクロを最初に開いたときは，オブジェクト名「Module1」だけが表示される．

➡コードを書く作業をコーディングという．

□**コードウィンドウ**　　マクロの内容をVBAで記述する画面である．自動記録したマクロの内容も，自動的にプログラムに変換されてここに表示される．このようなプログラム（およびその一部分）を**コード**という．

3 マクロの修正

　マクロコードの詳細は後ほど説明することにして，まずは，例題2-1の題意にしたがって，並べ替え方法を「学年の降順」から「学年の昇順」に変更する方法を次に示す．

手順➡

❶コードウィンドウ内に「Descending」（降順）となっている部分があるので，これを「Ascending」（昇順）に変更し，「例題2-1」ファイルを上書き

➡ Ctrl+S でも上書き保存ができる．

保存する．

```
Sub 学年の昇順()
'
' 学年の昇順 Macro
' マクロ記録日：2016/4/21 ユーザー名　若山芳三郎 ゴルフ部員名簿の並べ替え
'
' Keyboard Shortcut: Ctrl+g
'
    ActiveWorkbook.Worksheets("Sheet1").Sort.SortFields.Clear
    ActiveWorkbook.Worksheets("Sheet1").Sort.SortFields.Add Key:=Range("D4:D43") _
        , SortOn:=xlSortOnValues, Order:=xlAscending, DataOption:=xlSortNormal
    With ActiveWorkbook.Worksheets("Sheet1").Sort
        .SetRange Range("A3:J43")
        .Header = xlYes
        .MatchCase = False
        .Orientation = xlTopToBottom
        .SortMethod = xlPinYin
        .Apply
    End With
End Sub
```

この部分を変更する

❷VBEのウィンドウを閉じて，マクロを実行し，ゴルフ部員名簿が学年の昇順に並べ替えられることを確認する．

2・2　簡単なマクロの作成

次に，自動記録機能を使用しないで，初めからVBAでマクロを記述する方法を学ぶ．

例題 2-2　簡単なマクロの作成

セル「B2」に「東京電機大学」と書き込み，セル「B3」をアクティブセルにするマクロを作成しなさい．

1 コードの入力

手 順

❶Excelを起動する．
❷［**開発**］タブ→［**Visual Basic**］を選択する．
❸プロジェクトエクスプローラーで，［**Sheet1 (Sheet1)**］をダブルクリックする．

➡ ❹において，「sub」と小文字で入力しても，Enter キーを押すと，自動的に「Sub」に変換される．

❹表示されたコードウィンドウをクリックして「sub　例題22()」と入力し，Enter キーを押す．これによって，コードの末尾に自動的に「End Sub」の行が挿入される．

10　第2章　VBAによるマクロの作成

➡ コードの英数字は半角で入力する．

❺「Sub 例題22()」と「End Sub」の間に次のコードを入力する．

2　マクロの実行と保存

手順

➡ マクロを実行するには，その他にツールバー上の[Sub/ユーザーフォームの実行]ボタン▶をクリックする方法と，F5キーを押す方法がある．

❶メニューから，[実行(R)] → [Sub/ユーザーフォームの実行]を選択する．

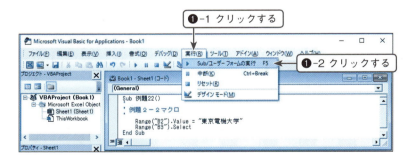

❷実行するマクロ内にカーソルが置かれていなかったときなどは，次の「マクロ」ダイアログボックスが表示されるので，実行するマクロ名を選択して[実行(R)]をクリックする．

2・2 簡単なマクロの作成　11

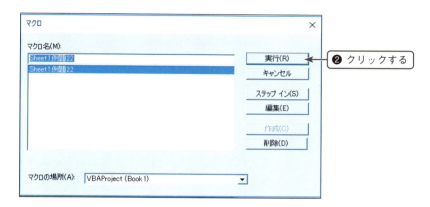

❸ワークシートを表示して，無事にマクロが実行されたこと（セル「B2」に「東京電機大学」と入力されて，アクティブセルがセル「B3」に移動したこと）を確認する．

❹ワークシート上で，このファイルを保存する（ファイル名「例題2-2」を付け，ファイル形式として「Excelマクロ有効ブック（*.xlsm）」を選択する）．

③ マクロコードの詳細

→VBAのプログラムは，1つまたは複数のプロシージャで構成されている．

① **Sub 例題22()** 　VBAでは，通常，処理のまとまりをプロシージャという単位で記述する．この行の「Sub」はプロシージャの始まりを示し，「例題22」はプロシージャ名を示す．

② **'例題2-2マクロ** 　VBAでは，「'」（半角アポストロフィー）の後ろにある記述は，コンピュータに対する命令とは見なされず，プログラムの実行に影響を与えない．このため，マクロコードの説明（コメント）を記述するときなどに使用される．このような説明は，記述してもしなくてもマクロの動作には影響しないが，後から見たときなどにプロシージャの内容をわかりやすくするために，記述することが望ましい．

→③のコードは，ワークシート上でセル「B2」に「東京電機大学」という文字列を書き込む操作に相当する．

③ **Range("B2").Value="東京電機大学"** 　Range("B2")でセル「B2」を指定し，その値（Value）として文字列「東京電機大学」を指定する．

➡ ④のコードは，ワークシート上でセル「B3」をクリックする操作に相当する．

④ `Range("B3").Select`　Range("B3")でセル「B3」を指定し，これを選択（Select）する．この結果，セル「B3」が，アクティブセルになる．

⑤ `End Sub`　プロシージャの終わりを示す命令である．

ここではVBAを使って直接プロシージャを記述したが，これと同じ動作をするマクロは，前章のマクロの自動記録機能で作成することもできる．ただし，マクロの自動記録機能で作成したマクロコードは，同じ処理を行うマクロであっても，VBAで直接記述するよりもより冗長な記述になることが多い．

2・3　オブジェクトからのマクロの実行

例題2-3　メッセージボックスの作成

メッセージボックスに「横浜文化大学文学部英米文学科」という文字列を表示するマクロを作成しなさい．また，図形ボタンをクリックすると，マクロが実行されるようにしなさい．

① メッセージボックスを表示するマクロ

まずは，メッセージボックスを表示するマクロを作成する．

❶ Excel上で「例題2-3」というファイルを作成してVBEを開き，プロジェクトエクスプローラーでこのファイルの「Sheet1 (Sheet1)」をダブルクリックしてコードウィンドウを表示し，次のコードを記述する．

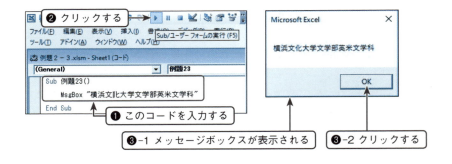

2・3 オブジェクトからのマクロの実行　13

❷［Sub/ユーザーフォームの実行 (F5)］ボタン▶をクリックしてこのマクロを実行する．

❸Excel画面上にメッセージボックスが表示されるので，［OK］ボタンをクリックして，プログラムを終了する．

2 図形の挿入とマクロの登録

次に，ワークシート上に図形を挿入して，そこにマクロを登録し，図形をクリックすると登録したマクロが実行されるようにする．

手 順

❶Excel上で，［**挿入**］タブ→［**図**］→［**図形**］を選択する．

❷［**基本図形**］の「太陽」を選択してから，ワークシート上でマウスをドラッグし，図形を挿入する．

❸挿入された図形の上で右クリックして，表示されたメニューから［**マクロの登録(N)**］を選択する．

❹「マクロの登録」ダイアログボックスが表示されるので，「Sheet1.例題23」を選択し，［OK］をクリックする．

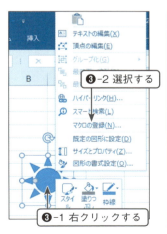

❺図形をクリックし，登録したマクロが実行されて，メッセージボックスが表示されることを確認する．

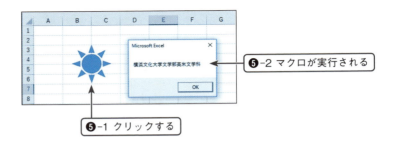

❺-2 マクロが実行される

❺-1 クリックする

演習問題

1. セル「A2」に「Let's learn Excel VBA」と書き込んだ後，セル「A3」をアクティブセルにするマクロを作成しなさい．

2. 住所「神奈川県横浜市青葉区奈良×-×-×」というテキストを記載したメッセージボックスを表示するマクロを作成しなさい．また，ワークシート上に図形「スマイル」を挿入して，この図形をクリックすると作成したマクロが実行されるようにしなさい．

第3章 VBAの基礎事項

　前章のVBAによるマクロの修正や簡単なマクロの作成を通じて，マクロの概要が把握できたのではないだろうか．本章では，VBAの基礎事項をまとめておく．

3・1 オブジェクト・コレクション・メソッド・プロパティ

1 オブジェクトとコレクション

❏ オブジェクト　Excelでは，ブック，シート，セルなどに対して操作を行うが，このような操作の対象となる存在を**オブジェクト**という．VBAでプロシージャを記述するときも，ブック，シート，セル，セル範囲などのオブジェクトに対して処理を指示する．例えば，セルを選択し，セル内の文字のフォントを変更する場合は，セルというオブジェクトに対して処理を指示していると考えられる．

❏ コレクション　同じ種類のオブジェクトの集まりを**コレクション**という．例えば，1つのブックには複数のシートを作成できるが，このときすべてのシートオブジェクトをひとまとめにしたものがシートのコレクションである．VBAでは，複数のオブジェクトの集まりであるコレクションを1つのオブジェクトと同じように扱うことができる．

2 メソッドとプロパティ

　VBAでプログラムを作成するときは，オブジェクトを指定して，これに対する処理を記述する．この処理の内容となるのが，メソッドとプロパティである．

❏ メソッド　オブジェクトに対する指示のうち，「選択する」「コピーする」などの動作を指示するものを**メソッド**という．

　メソッドの一般形式は次のようになる．オブジェクトとメソッドは「．」（ドット）で結合する．

```
オブジェクト.メソッド
```

例
```
Range("B3").Select
```

　この例では，「Range("B3")」がオブジェクト，「Select」がメソッ

> セルやシートなどを選択して操作可能な状態にすることを,「アクティブにする」という.

ドであり,「セル「B3」を選択する」(「B3」をアクティブにする)という命令になっている.

❑ **プロパティ**　　オブジェクトの状態や性質を表すのが**プロパティ**である.例えば,セルを表すオブジェクトはその値や色をプロパティとして保持しているので,これらのプロパティに値を代入すると,「セルに文字を入れる」「セルの色を青にする」などの操作が行える.

プロパティの一般形式は次のようになる.メソッド同様,オブジェクトとプロパティも「.」(ドット)で結合する.

```
オブジェクト.プロパティ = 値
```

例
```
Range("B2").Value = "東京電機大学"
```

この例では,「Range("B2")」がオブジェクト,「Value」がプロパティであり,これらを組み合わせて「B2セルの値」を表している.これに値「東京電機大学」を代入しているので,全体では「セル「B2」の値を「東京電機大学」に設定する」という命令となっている.

3・2　プロジェクトエクスプローラーとモジュール

1　プロジェクトエクスプローラー

前章で見たように,VBEを起動すると,次のような**プロジェクトエクスプローラー**が表示される.この中には,Excelのシートなどがツリー状に表示されている.

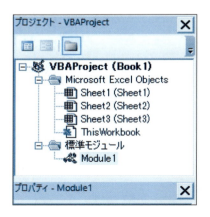

このツリー構造では,「VBAProject(ブック名)」が最上位にあり,その下に要素として各モジュールやシートなどが構成されている.これを見る

と，Excelのブックの中にはシートの他にもいくつかモジュールが含まれていることがわかる．このような複数のシートやモジュールを，ブックごとにひとまとめにしたものを，**VBAプロジェクト**という．

モジュール

　VBAのコードにおいて，ひとまとまりの処理を行うコードの集まりを**プロシージャ**，このプロシージャを集めて管理する単位を**モジュール**という．モジュールには，標準モジュール，ユーザーフォームモジュール，クラスモジュールなどがある．

　標準モジュールは，特定のオブジェクトに関連付いていないプロシージャを管理するモジュールで，他のモジュールから呼び出して使用するプロシージャなどをここに入れることが多い．

➡ ダイアログボックス（ユーザーフォーム）については58ページで学ぶ．

➡ クラスモジュールについては，本書では取り扱わない．

　ユーザーフォームモジュールは，ユーザーが独自に作成したユーザーフォーム（ダイアログボックスなど）についてのモジュールである．

　クラスモジュールは，ユーザーが独自に定義したオブジェクトについてのプロシージャを管理するモジュールである．

3・3　プロシージャの構造

1　プロシージャとプロシージャの種類

❏ **プロシージャ**　　先述のように，VBAのプログラムを実行するとき，1つの処理の単位として扱われるVBAコードの集まりを**プロシージャ**という．VBAでは，プログラムの命令は，常にいずれかのプロシージャの一部として記述する必要がある．

　同じ処理を何度も実行したいときや，様々な手順からなる複雑な処理を行いたいときは，それぞれの処理を適度に分解して小さなプロシージャを作成し，これをメインとなるプロシージャから呼び出すとよい．このようにすると，大きなプロシージャであっても見通しがよくなり便利である．

➡ 詳しくは42ページ参照．

❏ **プロシージャの種類**　　プロシージャにはSubプロシージャ，Functionプロシージャなどの種類がある．

　Subプロシージャは，単独で実行するプログラムを作成するときなどに利用するプロシージャで，マクロの自動記録で作成されるプロシージャは，Subプロシージャとなる．別のプロシージャから呼び出して使用することもできる．

➡ Functionプロシージャについての解説は，本書では割愛する．

　Functionプロシージャは，呼び出したプロシージャに処理結果を返すプロシージャである．

② Sub プロシージャの構成

Sub プロシージャの基本的な構成は，次のようになる．

```
[適用範囲][Static]Sub プロシージャ名([変数1 As データ型,変数2 As データ型])
    ステートメント群
End Sub ……………[]内は省略できる
```

❑**適用範囲**　Sub プロシージャでは，Sub プロシージャであることを示す Sub の前に，このプロシージャの適用範囲を指定することができる．適用範囲には，Public と Private がある．

　Public を指定したときは，この Sub プロシージャは，他のプロシージャから呼び出すことができる．適用範囲を省略すると，Public を指定したことになる．

　Private を指定したときは，この Sub プロシージャは，他のプロシージャから呼び出すことができない．

❑**Static**　Static を指定すると，プロシージャ内で宣言した変数の値を，プロシージャの実行後も保持することができる．

❑**プロシージャ名**　Sub の後には，プロシージャの内容がわかる名前を指定する．プロシージャ名を付けるときは，次の規則にしたがう必要がある．

①使用できる文字は，英数字，漢字，ひらがな，カタカナ，アンダースコア（_）である．これ以外の文字は使用できない．

②数字とアンダースコアは名前の先頭に使用できない．

③半角英字の小文字と大文字は，同じ文字として扱われる（SAMPLE と sample は同じプロシージャ名と見なされる）．

④文字数は，半角で255文字（全角では127文字）以内とする．

⑤VBA の内部ですでに使用されているプロパティ名やメソッド名などは，使用できない．

❑**ステートメント**　プロシージャ内で何らかの処理を行う1つの完結した命令を**ステートメント**という．

例1
```
Range("B2").Value = "東京電機大学"
```

これは「セル「B2」に「東京電機大学」という文字を入れよ」というステートメントである．

例2
```
Range("B2").Value = "東京":Range("B3").Value = "大阪"
```

通常，ステートメントは1行に1つずつ記述するが，例2のように「:」で区

切れば，1行に複数のステートメントを記述することもできる．これを**マルチステートメント**という．

❏ **End Sub**　　End Subは，記述中のSubプロシージャがここで終わることを示しており，実行時は，そのプロシージャを終了する働きを持つ．

次に簡単なプロシージャの例を示す．

例
```
Sub セルに文字を入れる()
    Range("B2").Value = "東京電機大学"
End Sub
```

第4章 VBAプログラミングの基礎

VBAには，条件によって処理を変更したり，同じ処理を指定しただけ繰り返すなど，処理の流れを制御するためのステートメントがいくつも用意されており，これらのステートメントを使ってマクロを作成すると，自動記録ではできない複雑処理が可能になる．この章では，このようなVBAのステートメントの使い方を学び，マクロの作成方法についてより詳細に学ぶ．

4・1 変数の使い方と計算

VBAによるマクロとは，VBAというプログラミング言語で記述したプログラムのことである．ここでは，変数を使って簡単な計算を行うマクロを作成し，マクロの構成を学ぶ．

例題 4-1 合計の算出

セル「B1」に学生の氏名，セル「C1」「D1」「E1」にそれぞれ「国文学」「法学」「数学」の点数が入力されている．3科目の合計点を算出して，結果をセル「F1」に入れるマクロを作成しなさい．

処理結果

	A	B	C	D	E	F
1		大山 元	80	90	100	270

① コード例と説明

```
Sub 例題41()
'
'例題4-1  合計点の計算

    Dim shimei As String                                          ' ①
    Dim kokubun As Integer, hougaku As Integer, suugaku As Integer ' ②
    shimei = Range("B1").Value                                    ' ③
    kokubun = Range("C1").Value                                   ' ④
    hougaku = Range("D1").Value                                   ' ⑤
    suugaku = Range("E1").Value                                   ' ⑥
    Range("F1").Value = kokubun + hougaku + suugaku               ' ⑦
End Sub
```

①変数shimeiを文字列型として宣言する．
②変数kokubun, hougaku, suugakuを整数型として宣言する．
③セル「B1」の値を変数shimeiに入れる．
④セル「C1」の値を変数kokubunに入れる．
⑤セル「D1」の値を変数hougakuに入れる．

⑥セル「E1」の値を変数suugakuに入れる．
⑦kokubun，hougaku，suugakuの和を計算し，セル「F1」に入れる．

2 変数・変数名・定数

例題4-1では，shimei，kokubunなどの変数が使用されていた．このようにプログラム内では，目的の処理を行うために数値，文字列などの様々な値を「変数」「定数」などの形で，名前を付けて扱うことができる．

❏**変数** プログラムを実行後に値が決まるものを**変数**という．この意味では，変数はあらかじめ用意された「値を入れる箱」のようなものと考えることができる．プログラムの実行後に，この箱に実際の数値や文字列などが入れられる．

❏**変数名** VBAのプロシージャ内では，通常，複数の変数を使用するので，それらを識別するために，それぞれに名前を付けておく必要がある．変数に付ける名前を**変数名**という．変数名の付け方は，前章で説明したプロシージャの命名規則とほぼ同じである．

①使用できる文字は，英数字，漢字，ひらがな，カタカナ，アンダースコア（_）である．これ以外の文字は使用できない．
②数字とアンダースコアは名前の先頭に使用できない．
③半角英字の小文字と大文字は，同じ文字として扱われる（SAMPLEとsampleは同じ名前と見なされる）．
④文字数は，半角で255文字（全角では127文字）以内とする．
⑤VBAの内部ですでに使用されているプロパティ名やメソッド名などは，使用できない．

❏**定数** あらかじめ値がわかっており，プログラム内で変更することのない値を**定数**という．

> **例**
> 数値：10，15.9など
> 文字列：氏名，横浜など

3 データ型と型宣言

❏**データ型** VBAで変数に入れられるデータの種類（**データ型**）には，主に次のようなものがある．

表4・1　変数の型

型名 VBAでの表記	サイズ	値の範囲
整数型 Integer	2バイト	－32768 ～ 32767
長整数型 Long	4バイト	－2147483648 ～ 2147483647
単精度浮動小数点型 Single	4バイト	負のとき　－3.402823 E 38 ～ －1.401298 E －45 正のとき　　1.401298 E －45 ～ 3.402823 E 38　　➡E38は10^{38}のこと
倍精度浮動小数点型 Double	8バイト	負のとき　－1.79769313486231 E 308 ～ －4.94065645841247 E －324 正のとき　　4.94065645841247 E －324 ～ 1.79769313486231 E 308
通貨型 Currency	8バイト	－922337203685477.5808 ～ 922337203685477.5807
文字列型 String		0～約20億バイトまでの文字列
バイト型 Byte	1バイト	0～255
ブール型 Boolean	2バイト	True または False
日付型 Date	8バイト	西暦100年1月1日～西暦9999年12月31日
バリアント型 Variant	16バイト	日付／時刻，倍精度小数点数，文字列型

❏ **変数の型宣言**　　変数を使用するときは，あらかじめ，その変数がどのようなデータ型を扱うのか決めておく必要がある．このために行うのが，Dimステートメントによる変数の型宣言である．次に，変数の型宣言の一般形式を示す．

```
Dim 変数1 As 変数の型
```

例1
```
Dim Shimei As String
```
……………変数Shimeiを文字列型として宣言する

例2
```
Dim Kokubun As Integer, Hougaku As Integer
```
………………変数KokubunとHougakuを整数型として宣言する

➡ Dim Kokubun, Hougaku As Integerと記述すると，Kokubun はバリアント型になることに注意する．

　型宣言をしなくても変数を使用することはできるが，この場合はバリアント型と見なされる．

4 計算式の書き方と演算子

VBAのプロシージャ上で計算を行うには，コード内に演算子を使用した計算式を記述すればよい．次に一般形式を示す．

> 変数名やセル ＝ 計算式（変数，定数，セルの値）

このようにすると，右辺の計算式の結果が，左辺の変数やセルに入る．

計算式は，変数，定数，セルの値および演算子で記述される．計算式で使用する演算子は，主に算術演算子と文字列結合演算子である．**算術演算子**は，数値の加減乗除などを行うときに使用する演算子である．

表4・2 算術演算子

演算子	機能	使用例	意味
＋	加算	A=3+4	Aに7（3＋4）を代入する
－	減算	A=5-2	Aに3（3－2）を代入する
＊	乗算	A=3*2	Aに6（3×2）を代入する
／	除算	A=4/2	Aに2（4÷2）を代入する
＾	べき乗	A=3^2	Aに9（3の2乗）を代入する
￥	商	A=10￥3	Aに3（10÷3の商の整数部）を代入する
Mod	余り	A=10 Mod 3	Aに1（10÷3の余り）を代入する

例
```
Uriage = Tanka * Suryo    ……TankaとSuryoの積をUriageに代入
Range("C5") = Range("A5") + Range("B5")
                          ……セル「A5」と「B5」の和をセル「C5」に代入
Tanka = 500               ……500をTankaに代入
Suryo = A                 ……変数Aの値を変数Suryoに代入
```

文字列結合演算子は，複数の文字列をつなぎ合わせて1つの文字列にするときに使用する．

表4・3 文字列結合演算子

演算子	使用例	意味
＆	A="東京"&"企画"	Aに"東京企画"を代入する

4・2 セルの選択とコピー

VBAでマクロを作成するときは，セルを選択したり，セル内の値をコピーや移動することが多い．このような場合は，まず対象のセルを指定する必要がある．セルの指定方法には**絶対参照**と**相対参照**とがあり，場面に応じて使い分けると便利である．

例題 4-2　売上の計算

セル「B1」に商品の単価，セル「C1」に売上数量が入力されているとき，次の処理を行うマクロを作成しなさい．
(1) 売上金額を計算し，セル「D1」に入れる．
(2) 売上金額に消費税 (8%) を加えた額をセル「E1」に入れる．
(3) セル範囲「A1:E1」のデータをセル範囲「A2:E2」にコピーする．

処理結果

	A	B	C	D	E
1	りんご	150	100	15000	16200
2	りんご	150	100	15000	16200

1 コード例と説明

```
Sub 例題42()
'
'例題4-2 セルの指定とコピーのマクロ
'
'売上を計算する
'
    Dim Tanka As Long, Suryo As Long, Uriage As Long   '①
    Tanka = Range("B1").Value                           '②
    Suryo = Range("C1").Value                           '③
    Uriage = Tanka * Suryo                              '④
    [D1].Select                                         '⑤
    ActiveCell.Value = Uriage                           '⑥
    ActiveCell.Offset(0, 1) = Uriage * 1.08             '⑦
'
'データをコピーする
'
    [A1:E1].Select                                      '⑧
    Selection.Copy                                      '⑨
    [A2].Select                                         '⑩
    ActiveSheet.Paste                                   '⑪
End Sub
```

①変数Tanka, Suryo, Uriageを長整数型 (Long) で，型宣言する．
②セル「B1」の値を変数Tankaに代入する．
③セル「C1」の値を変数Suryoに代入する．
④Uriageを計算する．
⑤セル「D1」を選択しアクティブにする．
⑥変数Uriageの値をアクティブセル「D1」に代入する．
⑦Uriageに1.08を掛け，その結果を現在のアクティブセル「D1」の右隣のセル「E1」に代入する．
⑧コピー元のセル範囲「A1:E1」を選択する．
⑨選択したセル範囲をコピーする．
⑩コピー先の先頭セル「A2」を選択する．
⑪コピーしたデータを貼り付ける．

2 セルの絶対参照

❏Rangeプロパティによるセルの絶対参照　セルを選択するとき，例題4-1ではRangeプロパティを使って，直接セル番地を指定した．このようなセルの指定方法を**セルの絶対参照**という．セルを絶対参照するときは，Rangeを省略して記述することもできる．次表にその例を示す．

表4・4　セルの絶対参照

Rangeプロパティ使用	省略形	選択されるセル範囲
`Range("A1").Select`	`[A1].Select`	セル「A1」を選択
`Range("A1","B5").Select`	`[A1,B5].Select`	セル「A1」と「B5」を選択
`Range("A1:A5").Select`	`[A1:A5].Select`	セル範囲「A1:A5」を選択
`Range("A1","B1:B5").Select`	`[A1,B1:B5].Select`	セル「A1」とセル範囲「B1:B5」を選択

❏行単位・列単位の範囲指定　行単位および列単位でセル範囲を指定することもできる．次表にその例を示す．

➡「2行目」を選択する場合，省略形を [2].Select と記述することはできない．

➡「A列」を選択する場合，省略形を [A].Select と記述することはできない．

表4・5　行・列単位の範囲指定

Rangeプロパティ使用	省略形	選択されるセル範囲
`Range("2:2").Select`	`[2:2].Select`	2行目を選択
`Range("5:8").Select`	`[5:8].Select`	5〜8行目を選択
`Range("A:A").Select`	`[A:A].Select`	A列目を選択
`Range("A:F").Select`	`[A:F].Select`	A〜F列目を選択

❏Cellsプロパティによるセルの絶対参照　Cellsプロパティを使うと，ワークシートの行番号と列番号でセルを指定することができる．列番号を数値で指定するときは，「A列が1，B列が2，…」となる．

```
Cells(行番号, 列番号)
```

例
```
Cells(4, 2).Select     4行B列のセル「B4」が選択される
Cells("3", "D").Select  3行D列のセル「D3」が選択される
```

3 セルの相対参照

　選択されたセルやセル範囲を基準として，ワークシート上の相対的な位置を指定する方法が**セルの相対参照**である．

　現在のセル位置「C3」を基準として，上下左右のセルを参照するときは，Offsetプロパティを使って次のように記述する．

例
```
Range("C3").Select
Selection.Offset(-1, 0).Value = "上"
Selection.Offset(1, 0).Value = "下"
Selection.Offset(0, -1).Value = "左"
Selection.Offset(0, 1).Value = "右"
Selection.Offset(2, 2).Value = "E5のセル"
```

このコードを実行すると，Excelシートが次の状態になる．

	A	B	C	D	E
1					
2			上		
3		左		右	
4			下		
5					E5のセル

➡ Offsetプロパティでは，0の記述を省略することもできる．例えば，Offset(0, 1)はOffset(, 1)と記述できる．

現在のアクティブセルを基準とした相対位置は次のように記述する．

(-2, -2)	(-2, -1)	(-2, 0)	(-2, 1)	(-2, 2)
(-1, -2)	(-1, -1)	(-1, 0)	(-1, 1)	(-1, 2)
(0, -2)	(0, -1)	ActiveCell	(0, 1)	(0, 2)
(1, -2)	(1, -1)	(1, 0)	(1, 1)	(1, 2)
(2, -2)	(2, -1)	(2, 0)	(2, 1)	(2, 2)

❹ セルまたはセル範囲のコピーと移動

❑ セルまたはセル範囲のコピー

セルまたはセル範囲の内容は，次のようにすると他のセルにコピーできる．

❶ コピー元のセル（またはセル範囲）を選択する．
❷ Copyメソッドを使ってコピーする．
❸ コピー先のセルまたはセル範囲（もしくはセル範囲の先頭位置）を選択する．
❹ 現在のシートに対してPasteメソッドを使い，コピーしたデータを貼り付ける．

➡ Copyメソッドを実行すると，コピー元のデータが複製されてメモリ内のクリップボードという場所に保存される．この状態でコピー先のセル（またはセル範囲）に対してPasteメソッドを使うと，クリップボードから取り出されたデータがコピー先に貼り付けられる．

➡ Selectionは選択された範囲を示す．

➡ [A2].Selectは，セル範囲[A2:E2]としてもよい．

例 セル範囲「A1:E1」のデータをセル範囲「A2:E2」にコピーする．

```
[A1:E1].Select ············· セル範囲「A1:E1」を選択する
Selection.Copy ············· データをコピーする
[A2].Select ················· コピー先の先頭位置「A2」を選択する
ActiveSheet.Paste ··········· コピーしたデータを貼り付ける
```

❏ **セルの切り取りと貼り付け（値の移動）**　あるセルの内容を別のセルに移動するときは，先ほどのCopyメソッドの代わりにCutメソッドを使ってセルの中身を切り取り，これをPasteメソッドで移動先に貼り付ければよい．

例　3～4行のデータを11行に移動する．

```
[3:4].Select …………………… 行の範囲「3:4」を選択する
Selection.Cut ………………… データを切り取る
[11:11].Select ………………… 移動先の先頭行（または行範囲）を選択する
ActiveSheet.Paste …………… 切り取ったデータを移動先に貼り付ける
```

4・3　条件による分岐

　VBAのようなプログラミング言語では，特定の条件を満たすかどうかによって処理の流れを変えることができる．これは自動記録マクロではできない処理のため，VBAを使う大きなメリットの1つといえる．

❶ 1つの条件による分岐　　If … Then … Else … End If ステートメント

例題4-3　条件による分岐

　例題1-1の「ゴルフ部員名簿」において，性別欄（セル「J4」の値）が「女」であれば赤，「男」であれば青に文字の色を変えるマクロを作成しなさい．

処理結果

	A	B	C	D	E	F	G	H	I	J
1						ゴルフ部員名簿				
2										
3	番号	氏名	学部	学年	経験年数	郵便番号	住所1	住所2	電話番号	性別
4	1	本田　慎司	文	3	5	186-0002	東京都	国立市東X-X-X	042-575-0000	男
5	2	田中　ひろみ	法	2	5	130-0011	東京都	墨田区石原X-X-X	03-3624-0000	女
6	3	園田　由紀	経済	3	3	227-0038	神奈川県	横浜市青葉区奈良×-×-×	045-532-0000	女

➡ このコードでは，最初の1人分だけに処理を適用した状態である．

❏ **コード例と説明**　この処理を行うマクロは，次のように記述できる．

```
Sub 例題43()
' 性別の文字を女なら赤、男なら青に変える
    [J4].Select                               '①
    If ActiveCell.Value = "女" Then           '②
        ActiveCell.Font.Color = RGB(255, 0, 0) '③
    Else                                      '④
        ActiveCell.Font.Color = RGB(0, 0, 255) '⑤
    End If                                    '⑥
        [J5].Select                           '⑦
End Sub
```

①セル「J4」を選択し，アクティブにする．
②アクティブセルの値が「女」かどうかを判定する．
③②の判定結果が真のとき（女であるとき），文字の色を赤にする．
④②の判定結果が真でないときの処理をこの行の下に記述する．
⑤②の判定結果が偽のとき（男であるとき），文字の色を青にする．
⑥Ifステートメントの終わりを示す．
⑦セル「J5」を選択し，アクティブにする．

❑ **If ... Then ... Else ... End If ステートメント**　VBAでは，プログラム内で指定した条件を満たしているかどうかを判断し，条件が成立している（真：True）ときと条件が成立していない（偽：False）ときで，異なった処理をさせることができる．このために使用するのが，Ifステートメントである．

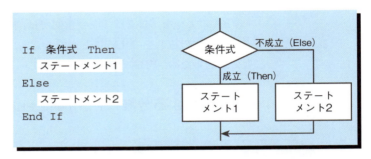

このように記述すると，条件式が成立しているとき（真のとき）はIfとElseの間のステートメント1が，成立していないとき（偽のとき）にはElseとEnd Ifの間のステートメント2が実行される．

❑ **論理式と比較演算子・論理演算子**　条件を示す**論理式**は，比較演算子と論理演算子を用いて記述される．

比較演算子は，2つの値を比較し，その大小関係や等しいかどうかを判定するものである．次に比較演算子とその使用例を示す．

表4・6　比較演算子

記号	意味	使用例	
=	等しい	`ActiveCell.Value = 10`	アクティブセルの値が10のとき
>	より大きい	`ActiveCell.Value > 10`	アクティブセルの値が10より大きいとき
>=	以上	`ActiveCell.Value >= 10`	アクティブセルの値が10以上のとき
<=	以下	`ActiveCell.Value <= 10`	アクティブセルの値が10以下のとき
<	より小さい	`ActiveCell.Value < 10`	アクティブセルの値が10より小さいとき
<>	等しくない	`ActiveCell.Value <> 0`	アクティブセルの値が0でないとき

論理演算子は，複数の条件を連結し，それらの条件が同時に成立するか，条件の一部が成立するかなどを判定するもので，次表に示すものがある．

表4・7　論理演算子

記号	意味	使用例	
And	両方の条件が成立	A >= 50 And B >= 50	A, Bの両方が50以上のとき
Or	1つ以上の条件が成立	A >= 50 Or B >= 50	AまたはBが50以上のとき
Not	条件が成立しない	Not A >= 50	Aが50以上でないとき

セルのフォントの設定

Excelのワークシート上で操作するのと同じように，VBAからでも，セルの塗りつぶし，文字の色，大きさ，フォントなどを設定できる．

❑**文字色の設定**　　例題4-3では，条件によりセルの文字の色を設定している．文字の色はColorプロパティまたはColorIndexプロパティで設定する．

```
オブジェクト.Font.Color = RGB関数
オブジェクト.Font.ColorIndex = 色番号
```

文字の色を設定する範囲を指定し，FontオブジェクトとColorプロパティまたはColorIndexプロパティを使用する．

例
```
Range("A1").Font.Color = RGB(0, 0, 255)
Range("A1").Font.ColorIndex = 5
```
……セル「A1」の文字を青色にする

VBAで使用できる主な色番号とRGB関数を表4・8に示す．

表4・8　色番号とRGB関数

色	色番号	RGB関数	色	色番号	RGB関数
黒	1	RGB (0, 0, 0)	青	5	RGB (0, 0, 255)
白	2	RGB (255, 255, 255)	黄	6	RGB (255, 255, 0)
赤	3	RGB (255, 0, 0)	緑	4	RGB (0, 255, 0)

❑**フォントの種類・大きさなどの指定**　　セル内の文字については，色・フォントの種類・大きさなどの属性をFontオブジェクトを使って指定できる．

Fontオブジェクトは，文字色・フォントの種類・大きさなどのフォント属性をプロパティとして管理しており，これらのプロパティに値を設定するとこれらの属性を変更できる．Fontオブジェクトが持つ主なプロパティを表4・9に示す．

表4・9　フォント属性

プロパティ	説明
Name	フォントの種類．"MS 明朝"，"MS P明朝"などのフォント名をダブルクォーテーションで囲み指定する
Size	フォントサイズ．数値（ポイント値）で指定する
Bold	太字設定．太字にするときはTrue，太字を解除するときはFalseを指定する
Italic	斜体設定．斜体にするときはTrue，斜体を解除するときはFalseを指定する
Underline	下線設定．これらの下線の種類を指定する xlUnderlineStyleNone（なし） xlUnderlineStyleSingle（下線） xlUnderlineStyleDouble（二重下線）
Color	文字色．RGB関数で指定する

次にこれらの属性を指定する方法を示す．

```
Sub フォント()
    [A1].Value = "東京": [A1].Font.Name = "ＭＳ　明朝"
    [B1].Value = "横浜": [B1].Font.Size = 18
    [C1].Value = "名古屋": [C1].Font.Underline = xlUnderlineStyleSingle
    [D1].Value = "京都": [D1].Font.Bold = True
    [E1].Value = "大阪": [E1].Font.Italic = True
    [F1].Value = "神戸": [F1].Font.Color = RGB(255, 0, 0)
End Sub
```

処理結果

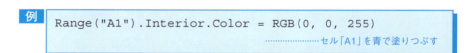

❑ **セルの塗りつぶし**　　セルの塗りつぶしは，次のように塗りつぶすセル範囲（オブジェクト）を指定した後，InteriorオブジェクトのColorプロパティを使用して設定する．

オブジェクト.Interior.Color = RGB関数

例
```
Range("A1").Interior.Color = RGB(0, 0, 255)
```
　　　　　　　　　　　　　　　　　……………… セル「A1」を青で塗りつぶす

③ Withステートメント

1つのオブジェクト（セル内の文字など）に対して複数のプロパティを同時に指定する場合は，Withステートメントを使用すると便利である．Withステートメントは次のように記述する．

```
With オブジェクト
    .プロパティ1 = 値1
    .プロパティ2 = 値2
       :
End With
```

これによって，指定したオブジェクトのプロパティ1に値1，プロパティ2に値2が設定される．

Withステートメントを使うと，オブジェクトの指定を省略できるため，プロシージャの見通しがよくなる．次に，同じ動作をするプロシージャを，Withステートメントを使用する方法と，使用しない方法の2通りで記述した例を示す．

Withを使用しないとき
```
Sub WithST1()
    Range("A1").Value = "東京電機大学"
    Selection.Font.Color = RGB(255, 0, 0)
    Selection.Font.Name = "ＭＳ　明朝"
    Selection.Font.Bold = True
    Selection.Font.Size = 16
End Sub
```

Withを使用したとき
```
Sub WithST2()
    Range("A1").Value = "東京電機大学"
    With Selection.Font
        .Color = RGB(255, 0, 0)
        .Name = "ＭＳ　明朝"
        .Bold = True
        .Size = 16
    End With
End Sub
```

❹ 複数の条件による分岐　　If ... Then ... ElseIf ... Else ... End If ステートメント

複数の条件を与えてそれぞれの場合で処理を変えるときには，If ... Then ... ElseIf ... Else ... End If ステートメントを使用する．

例題 4-4　複数条件による分岐

例題1-1のゴルフ部員名簿の学年欄において，「学年」列のフォントの色を1年生は赤，2年生は青，3年生は緑，4年生は黄色にしなさい．

処理結果

	A	B	C	D	E	F	G	H	I	J
1						ゴルフ部員名簿				
2										
3	番号	氏名	学部	学年	経験年数	郵便番号	住所1	住所2	電話番号	性別
4	1	本田　慎司	文	3	5	186-0002	東京都	国立市東X-X-X	042-575-0000	男
5	2	田中　ひろみ	法	2	5	130-0011	東京都	墨田区石原X-X-X	03-3624-0000	女

❏ コード例と説明

```
Sub 例題44()
    '複数条件による分岐 文字の色を変える
    '1年生は赤、2年生は青、3年生は緑、4年生は黄色
    Range("D4").Select
    If ActiveCell.Value = 1 Then              '①
        Selection.Font.Color = RGB(255, 0, 0) '②
    ElseIf ActiveCell.Value = 2 Then          '③
        Selection.Font.Color = RGB(0, 0, 255) '④
    ElseIf ActiveCell.Value = 3 Then          '⑤
        Selection.Font.Color = RGB(0, 255, 0) '⑥
    ElseIf ActiveCell.Value = 4 Then          '⑦
        Selection.Font.Color = RGB(255, 255, 0) '⑧
    End If                                    '⑨
    Range("D5").Select
End Sub
```

①アクティブセルの値が1のとき
②フォントの色を赤にする.
③アクティブセルの値が1でなく2のとき
④フォントの色を青にする.
⑤アクティブセルの値が1, 2でなく3のとき
⑥フォントの色を緑にする.
⑦アクティブセルの値が1, 2, 3のいずれでもないとき
⑧フォントの色を黄色にする.
⑨Ifステートメントの終わりを示す.

❏ If ... Then ... ElseIf ... Else ... End If ステートメント

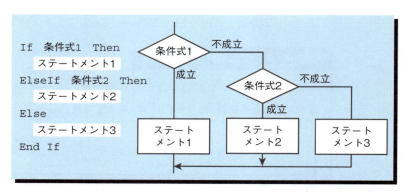

　これは3つ以上の分岐を持つIfステートメントである. 上図では, 条件式1が成立したときはステートメント1を, 条件式2が成立したときはステートメント2を実行し, いずれも成立しないときにはステートメント3を実行する.

　なお, 例題4-4のコード例のように,「ElseIf 条件式 Then」は複数記述することができる.

5 条件が多いときの分岐　Select Caseステートメント

分岐する条件が数個のときは「ElseIf　条件式　Then」を記述すればよいが，さらに条件が多くなるとプロシージャが複雑になる．このようなときに使用されるのがSelect Caseステートメントである．

例題4-5　多数条件による分岐

セル「B2」に課税対象の金額が入っている．この金額に対する所得税を計算して，セル「C2」に入れるマクロを作成しなさい．なお，所得税額は下表のように計算できる．

課税対象額	所得税額
1,000円～1,949,000円	課税対象額×0.05 円
1,950,000円～3,299,000円	課税対象額×0.1 − 97,500 円
3,300,000円～6,949,000円	課税対象額×0.2 − 427,500 円
6,950,000円～8,999,000円	課税対象額×0.23 − 636,000 円
9,000,000円～17,999,000円	課税対象額×0.33 − 1,536,000 円
18,000,000円～39,999,000円	課税対象額×0.4 − 2,796,000 円
40,000,000円以上	課税対象額×0.45 − 4,796,000 円

処理結果

	A	B	C
1	氏名	課税対象額	所得税額
2	伊藤　美子	1,500,000	75,000
3	内藤　信次	2,578,000	
4	田中　浩	4,596,000	

❏ コード例と説明

```
Sub 例題45()
' 多数条件による分岐
' 所得税額の計算
    Dim Kazei As Long, Zei As Long
    Kazei = Range("B2").Value                  '①
    Select Case Kazei                          '②
    Case 1000 To 1949000                       '③
        Zei = Kazei * 0.05                     '④
    Case 1950000 To 3299000                    '⑤
        Zei = Kazei * 0.1 - 97500              '⑥
    Case 3300000 To 6949000                    '⑦
        Zei = Kazei * 0.2 - 427500             '⑧
    Case 6950000 To 8999000                    '⑨
        Zei = Kazei * 0.23 - 636000            '⑩
    Case 9000000 To 17999000                   '⑪
        Zei = Kazei * 0.33 - 1536000           '⑫
    Case 18000000 To 39999000                  '⑬
        Zei = Kazei * 0.4 - 2796000            '⑭
    Case Else                                  '⑮
        Zei = Kazei * 0.45 - 4796000           '⑯
    End Select                                 '⑰
    Range("C2").Value = Zei                    '⑱
End Sub
```

① セル「B2」の値を変数Kazei（課税対象額）に入れる．
② Select Caseステートメントの始まりを示す．ここに，条件を判定する変数を指定する．
③ Kazeiが1,000円から1,949,000円までかどうかの判定をする．
④ ③の条件に一致したときのZei（税額）を計算する．
⑤ Kazeiが1,950,000円から3,299,000円までかどうかの判定をする．
⑥ ⑤の条件に一致したときのZei（税額）を計算する．
⑦ Kazeiが3,300,000円から6,949,000円までかどうかの判定をする．
⑧ ⑦の条件に一致したときのZei（税額）を計算する．
⑨〜⑭ Kazeiの判定とZeiの計算を繰り返す．
⑮〜⑯ 以上のいずれの条件にも当てはまらないときのZei（税額）を計算する．
⑰ Select Caseステートメントの終わりを示す．
⑱ セル「C2」に計算したZeiの値を入れる．

❑ **Select Caseステートメント** 次に，Select Caseステートメントの書式を示す．

```
Select Case 比較対象
    Case 式1
        比較対象が式1に一致するときのステートメント
            :
    Case 式n
        比較対象が式nに一致するときのステートメント
    Case Else
        どの式にも一致しないときのステートメント
End Select
```

上記の形式で記述したコードを実行すると，Select Caseの後ろに指定した比較対象が，各Caseの後ろにある式に一致するかどうか，式1から順に比較されていく．その結果いずれかの式と一致すれば，そこに記述されたステートメントを実行して，Select Caseステートメントから抜ける（End Selectの後ろに処理が移動する）．一致する式がなかった場合は，Case Elseの後ろに指定されたステートメントが実行される．

ここで比較対象に指定できるのは変数や式である．また，Caseの後ろには，式として定数，値の範囲，条件式などが記述できる．

```
Case 定数
Case 式1 To 式2
Case Is 条件式
```

例
```
Select Case n
    Case 1
        ステートメント1 ………… n=1のとき実行される
    Case 6 To 8
        ステートメント2 ………… 6≦n≦8のとき実行される
    Case Is >= 10
        ステートメント3 ………… n≧10のとき実行される
    Case Else
        ステートメント4 ………… 上記の3つに当てはまらなかったとき実行される
End Select
```

4・4　繰り返し処理

1　Do While … Loopによる繰り返し処理

　今までは1度だけの処理であったが，同じ処理を何度も繰り返すことができる．この場合，VBAではDo While … Loopステートメント，Do … LoopとExit Doステートメント，For … Nextステートメントを使用する．

例題4-6　Do While … Loop による繰り返し

　例題4-3と同じ処理（性別欄が「女」であれば赤，「男」であれば青に文字の色を変える処理）を，全部員に対して実行しなさい．

処理結果

	A	B	C	D	E	F	G	H	I	J
1						ゴルフ部員名簿				
2										
3	番号	氏名	学部	学年	経験年数	郵便番号	住所1	住所2	電話番号	性別
4	1	本田　慎司	文	3	5	186-0002	東京都	国立市東X-X-X	042-575-0000	男
5	2	田中　ひろみ	法	2	5	130-0011	東京都	墨田区石原X-X-X	03-3624-0000	女
6	3	園田　由紀	経済	3	3	227-0038	神奈川県	横浜市青葉区奈良X-X-X	045-532-0000	女
7	4	駒野　俊輔	文	1	1	271-0074	千葉県	松戸市緑ヶ丘X-X-X	047-360-0000	男
8	5	野田　大輔	理工	4	7	190-0031	東京都	立川市砂川町X-X-X	042-536-0000	男
9	6	高橋　ひろみ	文	4	2	135-0002	東京都	江東区住吉X-X-X	03-3846-0000	女
10	7	佐藤　祐樹	経済	2	1	192-0912	東京都	八王子市絹ヶ丘X-X-X	042-6357-0000	男
11	8	松村　由紀	法	2	2	131-0045	東京都	墨田区押上X-X-X	03-3517-0000	女

　例題4-3のマクロでは，最初の1人分について色を変えただけで処理を終えた．ここではこのマクロを修正して，全部員について性別欄の文字色を変更する．

❏ コード例と説明

```
Sub 例題46()
' 性別の文字を女なら赤、男なら青に変える
    [J4].Select                                      '①
    Do While Not IsEmpty(ActiveCell)                 '②
        If ActiveCell.Value = "女" Then              '③
            ActiveCell.Font.Color = RGB(255, 0, 0)   '④
        Else                                         '⑤
            ActiveCell.Font.Color = RGB(0, 0, 255)   '⑥
        End If                                       '⑦
        ActiveCell.Offset(1, 0).Select               '⑧
    Loop                                             '⑨
End Sub
```

①「性別」列の1番上のセル「J4」を選択する．
②繰り返しの始まりを示すとともに，繰り返しの終了条件を設定している．ここでは「アクティブセルが空でない間」という条件を指定しているので，この条件が満たされる間（アクティブセルに何らかの値が入っている間），③〜⑧ステートメントが繰り返し実行される．
⑧アクティブセルを現在の1つ下の行に移す．
⑨繰り返しの終わりを示す．

❏ **Do While ... Loopステートメント**　このステートメントは，繰り返し処理に使われる代表的なもので，繰り返し回数がわからない場合に用いられる．

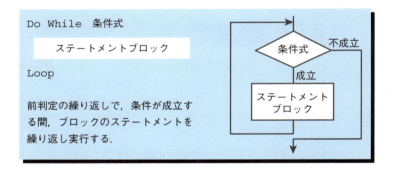

2　Do ... LoopとExit Doステートメント

　Do ... LoopとExit Doステートメントは，条件を指定しない繰り返し処理を行い，Exit Doが実行されたタイミングで繰り返しを終了する．通常は，繰り返しの途中に，Ifステートメントなどとともに Exit Doステートメントを記述し，特定の条件を満たしたら繰り返しが終了されるようにする．

例題 4-7　Exit Do ステートメントの使い方

セル「A1:F1」に次のような数値が入っているものとする．「A1」から1つずつ右にセルをアクティブにしていき，セルの値が40以下であれば数字の色を赤に変え，セルの値が0であれば処理を終了するマクロを作成しなさい．

❏ コード例と説明

```
Sub 例題47()
'   Exit Doの使い方
    [A1].Select
    Do
        If ActiveCell.Value <= 40 Then
            Selection.Font.Color = RGB(255, 0, 0)   ' ①
        End If
        ActiveCell.Offset(, 1).Activate             ' ②
        If ActiveCell.Value = 0 Then
            Exit Do                                 ' ③
        End If
    Loop
End Sub
```

① セルの値が40以下であれば数字の色を赤に変える．
② アクティブセルを現在の位置から1つ右に移動する．
③ 条件（アクティブセルの値が0のとき）を設定し，条件が成立したときにループから抜け出す．

→ Activate メソッドは，指定したセル範囲などをアクティブにするメソッドである．

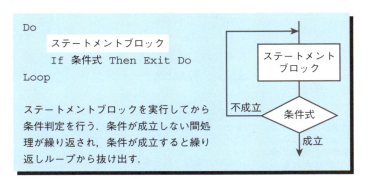

```
Do
    ステートメントブロック
    If 条件式 Then Exit Do
Loop
```

ステートメントブロックを実行してから条件判定を行う．条件が成立しない間処理が繰り返され，条件が成立すると繰り返しループから抜け出す．

③ For ... Nextステートメント

繰り返しの回数が決まっている場合や数値を一定の値ずつ変化させて処理を行う場合は，For ... Nextステートメントを使うと便利である．

例題4-8　For ... Nextステートメントの使い方

次のように，1から10までの数を順に合算していき（1 + 2 + 3 + ... + 9 + 10），その過程の数値をセル「A1」〜「J1」に入れるマクロをFor ... Nextステートメントを使って作成しなさい．

処理結果

	A	B	C	D	E	F	G	H	I	J
1	1	3	6	10	15	21	28	36	45	55
2										

❏ コード例と説明

```
Sub 例題48()
'   For～Nextステートメントの使い方
    Dim i As Integer, Sum As Integer
    Sum = 0                              '①
    [A1].Select
    For i = 1 To 10 Step 1               '②
        Sum = Sum + i                    '③
        ActiveCell.Value = Sum           '④
        ActiveCell.Offset(, 1).Activate  '⑤
    Next i                               '⑥
End Sub
```

① 変数Sumの値を0にする．
② 変数iの値を1から10まで1ずつ変える
③ 変数Sumに変数iの値（最初は1）を加え，その結果をSumに代入する．この結果，Sumの値はiずつ増加する．
④ Sumの値をアクティブセルに入れる．
⑤ アクティブセルを現在の位置から1つ右の列に移す．
⑥ 繰り返し範囲の終了を示す．

❏ For ... Nextステートメント　次にFor ... Nextステートメントの書式を示す．

➡ [ ]は省略可能であることを示している．Step 増分を省略した場合，増分値は1と見なされる．

```
For カウンター変数 = 初期値 To 最終値 [Step 増分]
        ステートメントブロック
Next カウンター変数
```

For ... Nextステートメントは，カウンター変数の値を初期値から最終値の範囲で増分ずつ増やしながら，ForステートメントとNextステートメント間のステートメントブロックを繰り返し実行するステートメントで

ある．カウンター変数の値が最終値を越えたときは，繰り返しが終了して，Nextステートメントの次の行に処理が移動する．

ForとNextは1対1で対応している必要があり，Nextの後ろには，Forステートメントと同じカウンター変数を指定する．ただし，Forステートメントに対応するNextステートメントが明確なときは，Nextステートメントの変数名は省略できる．

❹ 二重の繰り返し

繰り返しの中にさらに繰り返しを指定すると，繰り返しを二重にすることができる．

例題4-9　二重の繰り返し

次のような1学期の成績一覧表について，各科目の得点のフォントを，90点以上のときには太字に，40点以下のときには赤字にしなさい．

処理結果

	A	B	C	D	E	F	G	H	I	J
1					◆◇◆　　成績一覧表　　◆◇◆					
2	1学期									
3	学生番号	氏名	英語	フランス語	国文学	歴史学	化学	法学	合計点	平均点
4	1	新井　昭夫	60	50	40	60	80	70	360	60
5	2	荒木　一郎	60	60	80	40	60	20	320	53
6	3	石井　正彦	80	80	70	40	50	60	380	63
7	4	井上　博夫	**90**	65	50	60	40	**100**	405	68
8	5	石本　　昭	50	70	60	80	50	40	350	58
9	6	宇野　　優	**90**	60	**90**	40	75	60	415	69
10	7	遠藤　浩一	40	60	20	60	40	10	230	38
11	8	加藤　正夫	**100**	**90**	80	**100**	**90**	80	540	90
12	9	木戸　善夫	60	70	45	65	35	40	315	53

❏ コード例と説明

```
Sub 例題49()
'二重の繰り返し処理
'得点が90点以上のときは太字に、40点以下のときには赤にする
    Dim i As Integer, j As Integer
    [C4].Select
    For i = 1 To 40                              ' ①
        For j = 1 To 6                           ' ②
            If ActiveCell.Value >= 90 Then       ' ③
                Selection.Font.Bold = True       ' ④
            End If                               ' ⑤
            If ActiveCell.Value <= 40 Then       ' ⑥
                Selection.Font.Color = RGB(255, 0, 0)  ' ⑦
            End If                               ' ⑧
            ActiveCell.Offset(0, 1).Activate     ' ⑨
        Next j                                   ' ⑩
        ActiveCell.Offset(1, -6).Activate        ' ⑪
    Next i                                       ' ⑫
End Sub
```

①変数iを，1から40まで1ずつ変えながら②〜⑪の処理を繰り返す．
②変数jを，1から6まで1ずつ変えながら③〜⑨の処理を繰り返す．
③アクティブセルの値が90以上ならば④の処理を行う．
④文字を太字にする．
⑥アクティブセルの値が40以下ならば⑦の処理を行う．
⑦文字色を赤にする．
⑨アクティブセルを右に1つ移動する．
⑪アクティブセルを左に6，下に1移動する．

❑ **二重のFor ... Nextステートメント**　For ... Nextステートメントの中に別のFor ... Nextステートメントを記述し，繰り返しを二重にすることができる．この場合，外側のカウンター変数が1回増えるたびに，内側のループが最終値までの回数，実行されることになる．次に二重の繰り返しの実行の順序を示す．

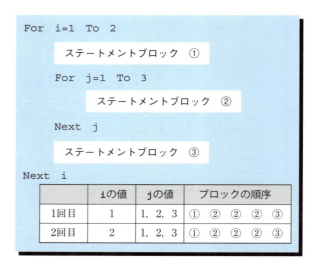

繰り返しを二重にする場合，内側のループは外側のループの中に入っていなければならない．

なお，内側のループの中にさらに別のループを作成して，三重以上の繰り返しを行うことも可能である．

4・4 繰り返し処理　41

例題 4-10　縦横の合計と割合の計算

ファイル「業種別就職者数の表」を開き，業種別と年度別の就職者数の合計を計算し，全体に対する各業種の割合を求めるマクロを作成しなさい．

処理結果

	A	B	C	D	E	F
1			業種別就職者数			
2						
3	就職先	年度別			合計	割合(%)
4		2013年	2014年	2015年		
5	流通業	76	74	68	218	19.8%
6	製造業	52	58	53	163	14.8%
7	金融業	40	47	41	128	11.6%
8	サービス業	91	79	77	247	22.5%
9	マスコミ	15	13	16	44	4.0%
10	建設業	22	26	28	76	6.9%
11	その他	81	77	66	224	20.4%
12	合計	377	374	349	1100	100.0%

❑ **コード例と説明**

```
Sub 例題410()
'縦横の合計と割合の計算
    Dim i As Integer, j As Integer
'業種別の合計計算（横）
    For i = 5 To 11
        Cells(i, 5) = 0                                  '①
        For j = 2 To 4
            Cells(i, 5) = Cells(i, 5) + Cells(i, j)      '②
        Next j
    Next i
'年度別の合計計算（縦）
    For j = 2 To 5
        Cells(12, j) = 0                                 '③
        For i = 5 To 11
            Cells(12, j) = Cells(12, j) + Cells(i, j)    '④
        Next i
    Next j
'割合の計算
    For i = 5 To 12
        Cells(i, 6) = Cells(i, 5) / Cells(12, 5)         '⑤
    Next i
End Sub
```

➡ ②では列は5番目（E列）に固定されているが，iは5から11まで変化するので，このコードを繰り返すことによりセル範囲「E5:E11」のセルが上から1つずつ順に処理されていく．

①業種別の合計を入れるセル Cells(i, 5) に0を入れておく．

②業種別の合計を入れるE列のセルに，合算結果を入れる．このステートメントが一度実行されるたびに，Cells(i, 5) の値が Cells(i, j) だけ増加する．この処理をjが2～4の間，3回繰り返すと1つの業種の合計値が算出できる．これをさらにiが5～11の間，7回繰り返すことによって，7業種すべての業種別合計が求められる．

③年度別の合計と全体の合計を入れるセル Cells(12, j) に0を入れ

ておく．

④②と同様にして，年度別の就職者数の合計とE列の業種別合計の合計値（総計値）を求める．

⑤業種別就職者数の合計Cells(i, 5)を就職者数の総合計Cells(12, 5)で割り，業種別の就職者数の割合を求めてCells(i, 6)に入れる．これをiの範囲が5～12の間，繰り返す．

4・5 メインプロシージャとサブプロシージャ

① メインプロシージャとサブプロシージャ

特に条件により処理に流れを変える分岐処理などにおいて，判定結果により行われる処理が簡単な場合は，例題4-6のようにすべての処理を1つのプロシージャに記述してもよいが，複雑な処理を行うときは，各処理を分割して複数のプロシージャとして作成したほうがマクロコードがわかりやすくなる．

例題4-11　メインプロシージャとサブプロシージャ

例題4-6の処理を分割して，メインプロシージャとサブプロシージャで構成されるマクロを作成しなさい．

❏ コード例と説明

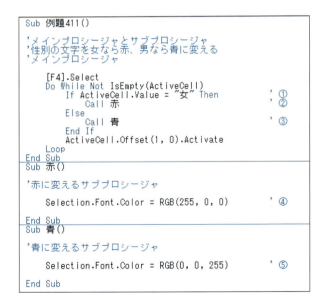

① アクティブセルの値が「女」かどうかを判定する．
② ①の判定結果が真のとき，サブプロシージャ「赤」を呼び出す．
③ ①の判定結果が偽のとき，サブプロシージャ「青」を呼び出す．
④ 文字の色を赤に変えるサブプロシージャ．
⑤ 文字の色を青に変えるサブプロシージャ．

❏ **メインプロシージャ**　いままで作成したプロシージャは，数十行以内の小さなものであったが，会社業務などで実際に用いられるプロシージャは，数百行，数千行になることもある．このようなときは，全部の処理を1つのプロシージャで行わないで，まとまった処理ごとに別のサブプロシージャとして分割し，メインとなるプロシージャと，これらのサブプロシージャを組み合わせて処理を行うとよい．

→ サブプロシージャはサブルーチンともいう．

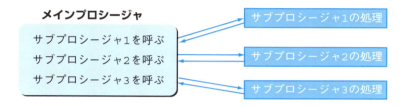

2　引数を取るサブプロシージャ

例題 4-12　引数を取るサブプロシージャ

セル「A1」に商品名，「B1」に商品の単価，「C1」に売上数量が入力されている．売上金額を計算し，セル「D1」に入れるマクロを作成しなさい．このとき，計算処理はサブプロシージャとして分割しておくこと．また，消費税は8%とする．

処理結果

	A	B	C	D
1	りんご	150	100	16200

❏ コード例と説明

```
Sub 例題412()
'サブプロシージャを使った合計点の計算
    Dim Tanka As Long, Suryo As Long, Uriage As Long
    Tanka = [B1].Value
    Suryo = [C1].Value
    Call keisan(Tanka, Suryo, Uriage)              '①
    [D1].Value = Uriage                            '②
End Sub
Sub keisan(a As Long, b As Long, c As Long)        '③
    c = a * b * 1.08                               '④
End Sub
```

① Tanka，Suryo，Uriageを実引数として指定し，サブプロシージャkeisanを呼び出す．
② 計算結果Uriageの値をセル「D1」に入れる．

➡ 仮引数も型宣言を行う．

③ 引数a，b，cを仮引数とするサブプロシージャkeisanを定義する．
④ 売上を計算する．

❏ 引数を取るサブプロシージャの構成

次に引数を取るサブプロシージャの定義方法を示す．

```
Sub サブプロシージャ名（仮引数1, 仮引数2, …）
      変数の定義
      ステートメント
End Sub
```

サブプロシージャ名の後に指定される仮引数は，サブプロシージャで使用するデータを呼び出し元から受け取るための変数である．この仮引数には，メインプロシージャから呼び出されたときに，実際のデータが引き渡されるので，データの内容がわかりやすい名称を付けておくとよい．

❏ サブプロシージャの呼び出し

例題4-12のサブプロシージャkeisanは，メインプロシージャから呼び出されて実行される．このようなプロシージャの呼び出しには，Callステートメントが用いられる．Callステートメントは次の形式で使用される．

```
Call サブプロシージャ名（実引数1, 実引数2, …）
```

実引数には，実際の処理に使用されるデータを，定数，変数などの形で指定する．

メインプロシージャにおいてCallステートメントが実行されると，処理の流れがサブプロシージャに移動する．そして，サブプロシージャのステートメントが一通り実行されて「End Sub」に到達すると，処理がメインプロシージャに戻る．このとき仮引数と実引数との間では，次のようにデータのやりとりが行われる．

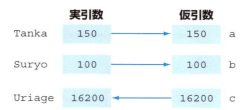

　Callステートメントが実行されると，実引数Tanka，Suryoのデータが仮引数a，bに渡され，サブプロシージャで仮引数cの値が計算される．メインプロシージャに戻るとき，仮引数cの値が実引数Uriageに渡される．

4・6　配列

一次元配列

❏**配列とは**　　プログラム処理の過程では，変数にデータを記録する必要が生じることが多い．しかし，多数のデータを記憶するときに，データの数だけ変数を用意して管理するのは大変である．そのため，同じデータ型のデータを大量に扱う場合，図4・1の(a)のように個々のデータを1つずつ名前の違う変数に格納する代わりに，図(b)のようにデータ全体を格納できる記憶場所を用意し，これに名前を付けて扱うことができる．このようなデータの記憶場所のグループを**配列**といい，これに付ける名前を**配列名**という．配列ではそれぞれのデータのことを**配列要素**といい，配列名(0)，配列名(1)のように配列名の後ろにかっこと数字を付けて表す．この数字は**インデックス**または**添字**といい，それぞれの要素が配列の何番目に存在するかを示している．

図4・1　一次元配列

❏**配列宣言**　　配列を使うときには，配列名と配列の大きさを先に定義しておく必要がある．これを**配列宣言**という．

　配列名の付け方や使用できるデータ型は，変数の場合と同じである．配列宣言も，変数のときと同様にDimステートメントで行う．配列を宣言するときの書式は次のとおりである．

```
Dim 配列名(要素の上限値) As データ型
```

例1
```
Dim A(4) As String
```

この例では,文字列型で5個の要素(A(0), A(1), … A(4))を持つ配列Aを宣言している.

例2
```
Dim Kosu(2 To 4) As Integer
```

この例では,整数型で3個の要素(Kosu(2), Kosu(3), Kosu(4))を持つ配列Kosuを宣言している.

❏ **配列へのデータの格納と参照**　配列の各要素にExcelシート上のデータを代入するようなときはFor…Nextステートメントを使うとよい.

```
For i = 1 to 5
    A(i) = Cells(i, 1)
Next i
```

➡ この例では,A(0)は使用していない.

このプロシージャでは,次の5行分のステートメントが実行されて,配列Aの各要素にセル範囲「A1:A5」の値が代入される.

```
A(1) = Cells(1, 1)
A(2) = Cells(2, 1)
      :
A(5) = Cells(5, 1)
```

配列要素の値をExcelのシートに書き込むときも,For…Nextステートメントを使うことが多い.

```
For i = 1 To 5
    Cells(i, 2) = A(i)
Next i
```

例題 4-13　配列への値の格納と参照

インデックス範囲1～9の配列Aを宣言して,この配列の各要素に先頭から順に1～9の数字を入れなさい.さらに,これらの値をセル「A1:A11」に表示しなさい.

処理結果

❏ コード例と説明

```
Sub 例題413()
'一次元配列の使い方
    Dim A(1 To 9) As Integer        ' ①
    Dim i As Integer
    For i = 1 To 9                   ' ②
        A(i) = i                     ' ③
    Next i                           ' ④
    [A1].Select                      ' ⑤
    For i = 1 To 9
        ActiveCell.Value = A(i)      ' ⑥
        ActiveCell.Offset(, 1).Activate  ' ⑦
    Next i
End Sub
```

① 配列A（A(1)～A(9)）を整数型で宣言する．
②～④ 配列Aの各要素に，1～9の数値を入れる．
⑤ セル「A1」をアクティブにする．
⑥ アクティブセルに配列要素の値を入れる．
⑦ アクティブセルを右に1ずらす．

2 配列要素の並べ替え

例題4-14 並べ替え

セル「A1:J1」に10個の数値が入っている．これを大きい順に並べ替えた結果を「A2:J2」に書き込むマクロを作成しなさい．

処理結果

	A	B	C	D	E	F	G	H	I	J	K
1	55	72	36	43	32	95	30	86	17	28	←並べ替え前
2	95	86	72	55	43	36	32	30	28	17	←並べ替え後

❏ コード例と説明

```
Sub 例題414()
'   並べ替え

    Dim s(10) As Integer
    Dim n As Integer, i As Integer
    Dim ip As Integer, work As Integer
    n = 10           '配列のインデックスの最終値をセット

'データを配列に入れる
    [A1].Select
    For i = 1 To 10
        s(i) = ActiveCell.Value
        ActiveCell.Offset(, 1).Activate
    Next i

'並べ替えを行う
    For i = 1 To n
        For ip = i + 1 To n
            If s(i) < s(ip) Then
                work = s(i)
                s(i) = s(ip)
                s(ip) = work
            End If
        Next ip
    Next i

'並べ替えたデータをセルに書き込む
    [A2].Select
    For i = 1 To 10
        ActiveCell.Value = s(i)
        ActiveCell.Offset(, 1).Activate
    Next i
End Sub
```

❏ 並べ替えの方法

同じ種類のデータが多数あるとき，それらを大きい順あるいは小さい順に並べ替えたい場合がよくある．これを**並べ替え**（sort）という．並べ替えの基準には，小さい数値から大きい数値へ並べ替える**昇順**と，大きい数値から小さい数値へ並べ替える**降順**とがある．

いま，配列 s に例題4-14のセル範囲「A1:J1」のようなデータが入っているとき，これを降順に並べ替えるものとする．これは次の手順で行われる．

① まず，1番目のデータ s(1) に注目し，これを2番目のデータ s(2) と比較する．その結果，s(1)≧s(2) ならそのまま，s(1)<s(2) ならば s(1) と s(2) を入れ替える．なお，データを入れ替えるときは，work という変数を作業領域として利用している（最初に s(i) のデータを work に退避した後，s(ip) のデータを s(i) に入れ，最後に退避してあった work のデータを s(ip) に入れている）．

② 次に，s(1) と3番目のデータ s(3) を比較し，s(1)≧s(3) ならそのまま，s(1)<s(3) ならば s(1) と s(3) を入れ替える．s(4) 以降も同様に比較を続けると，s(1) とその他の要素の比較がすべて終わった時点で，s(1) には配列 s 内の1番大きな値が入ることになる．

③ つづいて，2番目のデータ s(2) に注目し，s(2) と3番目以降のデータとの比較と入れ替えを繰り返す．これによって，配列内の s(2) には2番目に大きいデータが入る．

④ 以下同様の処理を繰り返すと，データは大きい順に並べ替えられる．

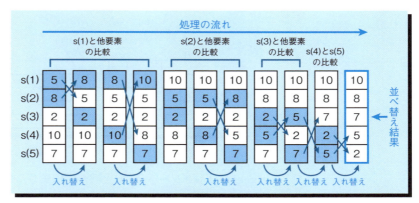

図4・2　並べ替え処理の経過

この処理を流れ図で表すと図4・3のようになる．

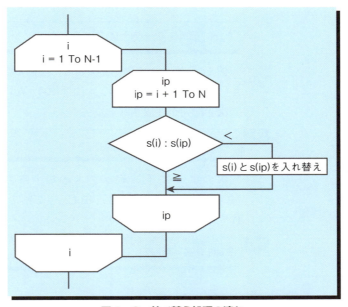

図4・3　並べ替え処理の流れ

③ 二次元配列

次のように，行と列から構成され，インデックスを2つ使って要素を指定する配列を**二次元配列**という．

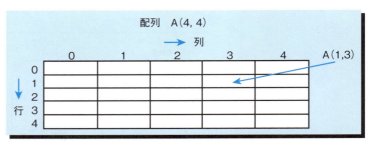

図4・4 二次元配列

Excelのワークシートは，行と列から構成されており，二次元配列と同じ構造と見なせる．この場合，`Cells`プロパティによって配列要素であるセルを指定していると考えることができる．

❑**配列宣言**　一次元配列のときと同様，二次元配列でもあらかじめ配列名と配列の大きさを`Dim`ステートメントで宣言する必要がある．

> Dim　配列名（行の最大値, 列の最大値）As　データ型

例えば，次のように記述すると，12個の要素「A(0, 0), A(0, 1), A(0, 2), A(0, 3), A(1, 0), A(1, 1), … A(2, 3)」を持つ二次元配列が作成される．

例1
```
Dim A(2,3) As Integer
```

次のようにインデックスの最小値を記述した場合は，4個の要素「B(1, 2), B(1, 3), B(2, 2), B(2, 3)」を持つ二次元配列が作成される．

例2
```
Dim B(1 To 2 , 2 To 3) As Long
```

例題4-15　九九の表

二次元配列を使って，次のような九九の表をExcelシート上に作成しなさい．

処理結果

	A	B	C	D	E	F	G	H	I
1	1	2	3	4	5	6	7	8	9
2	2	4	6	8	10	12	14	16	18
3	3	6	9	12	15	18	21	24	27
4	4	8	12	16	20	24	28	32	36
5	5	10	15	20	25	30	35	40	45
6	6	12	18	24	30	36	42	48	54
7	7	14	21	28	35	42	49	56	63
8	8	16	24	32	40	48	56	64	72
9	9	18	27	36	45	54	63	72	81

→ 例題4-15のマクロは，二次元配列を使わなくても次のように二重ループを使えば作成できるが，ここでは練習のため二次元配列を使うものとする．
```
For i = 1 To 9
  For j = 1 To 9
Cells(i, j).Value _
    = i * j
  Next j
Next i
```
なお，アンダースコア（_）は，改行を挟んだ2行を1つのステートメントとして接続する記号である．このコードでは「Cells(i, j).Value」と「= i * j」が接続され，1つのステートメントとして扱われる．

□コード例と説明

```
Sub 例題415()
'二次元配列の使い方
'九九の表の作成

    Dim i As Integer, j As Integer
    Dim a(9, 9) As Integer              ' ①
    For i = 1 To 9
        For j = 1 To 9
            a(i, j) = i * j              ' ②
            Cells(i, j).Value = a(i, j)  ' ③
        Next j
    Next i
End Sub
```

① 二次元配列a(9, 9)を宣言する．
② 1×1から9×9までを計算して，二次元配列aの要素として格納する．
③ 二次元配列の値をセルに入れる．

演習問題

1. セル「A2」にビールの本数，セル「B2」にワインの量（ml）が入力されています．このとき，アルコールの摂取量を計算し，セル「C2」に入れるマクロを作成しなさい．なお，ビール1本は350ml，アルコールの含有量は5.5%，ワインのアルコールの含有量は12%とします．

	A	B	C	D
1	ビールの本数（本）	ワインの量（ml）	アルコール摂取量（ml）	
2	1	180	40.85	

2. セル「A1:D5」に売上一覧表があります．この表をセル「F1:I5」にコピーするマクロを作成しなさい．

	A	B	C	D	E	F	G	H	I
1	商品名	単価	数量	金額		商品名	単価	数量	金額
2	テレビ	69,800	5	349,000		テレビ	69,800	5	349,000
3	オーディオ	33,980	6	203,880		オーディオ	33,980	6	203,880
4	パソコン	157,980	4	631,920		パソコン	157,980	4	631,920
5	DVD	68,970	3	206,910		DVD	68,970	3	206,910

3. セル「B2」に商品の単価が，セル「C2」に購入数量が入っているものとします．購入金額を計算して，セル「D2」に入れるマクロを作成しなさい．ただし，購入数量が10を越える場合，越えた部分に対しては2割引が適用されます．また，消費税は8%です．

	A	B	C	D	E
1	商品名	単価	数量	金額	
2	コピー用紙	350	16	5314	

4． セル「A2」に氏名が，セル「B2:D2」に英語・数学・国語の得点が入っているものとします．3教科の合計点を計算し，セル「E2」に入れるマクロを作成しなさい．さらに，合計点が270点以上のときは「大変よくできました」，180～269点のときには「よくできました」，180点未満のときは「がんばろう」というメッセージがセル「F2」に表示されるようにしなさい．

	A	B	C	D	E	F
1	氏名	英語	数学	国語	合計	評価
2	永田　一男	90	85	100	275	大変よくできました

5． 前問において，合計点によりA，B，C，D，Eの評価をセル「F2」に入れるマクロを作成しなさい．評価の基準は次のとおり．

270～300点：A　　　210～269点：B　　　150～209点：C

100～149点：D　　　0～99点：E

	A	B	C	D	E	F
1	氏名	英語	数学	国語	合計	評価
2	永田　一男	90	80	100	270	A
3	斉藤　さゆり	80	60	90		

6． 氏名・身長・体重の身体計測表があります．次のように，標準体重と肥満度を計算し，肥満度が－5以下のときは「やせています」，5以上のときは「太りすぎです」それ以外のときは「ふつうです」と表示するマクロを，Do While … Loopステートメントを使って作成しなさい．なお，標準体重と肥満度は次の式で計算されます．

$$標準体重 = \left(\frac{身長}{100}\right)^2 \times 22$$

$$肥満度 = \left(\frac{体重 - 標準体重}{標準体重}\right) \times 100$$

	A	B	C	D	E	F
1	氏名	身長	体重	標準体重	肥満度	状況
2	小池　百合	163.8	56.9	59.02697	-3.60338	ふつうです
3	加藤　佳乃	154.2	45.1	52.31081	-13.7845	やせています
4	佐川　由貴	158.5	55.6	55.26895	0.59898	ふつうです
5	曽根　亜紀	148.5	52.1	48.51495	7.389578	太りすぎです
6	高田　真弓	166.3	59.5	60.84252	-2.20655	ふつうです

7. ケーキの単価と販売数量の表があります．Do…LoopとExit Doステートメントを使って，売上金額を計算するマクロを作成しなさい．なお，売上金額には消費税8%を含むものとします．

	A	B	C	D
1	ケーキ名	単価	数量	金額
2	ショートケーキ	450	15	7290
3	アップルパイ	400	3	1296
4	マロングラッセ	420	25	11340
5	チーズケーキ	320	8	2765
6	モンブラン	410	18	7970
7	ティラミス	370	5	1998
8				

8. 例題4-5の所得税額の計算を7人分繰り返すマクロを作成しなさい．なお繰り返し処理には，For…Nextステートメントを使うものとします．

	A	B	C
1	氏名	課税対象額	所得税額
2	伊藤　美子	1,500,000	75,000
3	内藤　信次	2,578,000	160,300
4	田中　浩	4,596,000	491,700
5	中島　浩二	8,956,000	1,423,880
6	和田　一敏	15,015,000	3,418,950
7	岩崎　弥一	25,800,000	7,524,000
8	長島　一馬	59,800,000	22,114,000

9. 例題4-4の「ゴルフ部員名簿」の学年欄において，全員分のフォントの色を1年生は赤，2年生は青，3年生は緑，4年生は黄色にしなさい．

	A	B	C	D	E	F	G	H	I	J
1					ゴルフ部員名簿					
2										
3	番号	氏名	学部	学年	経験年数	郵便番号	住所1	住所2	電話番号	性別
4	1	本田　慎司	文	3	5	186-0002	東京都	国立市東X-X-X	042-575-0000	男
5	2	田中　ひろみ	法	2	5	130-0011	東京都	墨田区石原X-X-X	03-3624-0000	女
6	3	園田　由紀	経済	3	3	227-0038	神奈川県	横浜市青葉区奈良X-X-X	045-532-0000	女
7	4	駒野　俊輔	文	1	1	271-0074	千葉県	松戸市緑ヶ丘X-X-X	047-360-0000	男
8	5	野田　大輔	理工	4	7	190-0031	東京都	立川市砂川町X-X-X	042-536-0000	男
9	6	髙橋　ひろみ	文	4	2	135-0002	東京都	江東区住吉X-X-X	03-3846-0000	女
10	7	佐藤　祐樹	経済	2	1	192-0912	東京都	八王子市絹ヶ丘X-X-X	042-6357-0000	男
11	8	松村　由紀	法	2	2	131-0045	東京都	墨田区押上X-X-X	03-3517-0000	女
12	9	福田　正夫	理工	4	1	235-0019	神奈川県	横浜市磯子区磯子X-X-X	045-761-0000	男
13	10	武井　美喜	文	2	1	185-0024	東京都	国分寺市泉町X-X-X	0425-76-0000	女

10. 自動車販売店の1月から6月までの販売員ごとの販売台数一覧があります．この表に対して，月ごとの販売台数が4台以下のときは数字の色を赤に，10台以上のときは青にするマクロを作成しなさい．なお，繰り返し処理は，For … Next ステートメントを二重にして行うものとします．

	A	B	C	D	E	F	G
1	販売台数一覧表						
2							
3	氏名	1月	2月	3月	4月	5月	6月
4	永井 誠	5	6	7	10	7	5
5	石原 太郎	2	3	8	9	10	9
6	青柳 伸一	8	8	9	4	11	5
7	長峰 靖彦	9	5	8	3	7	10
8	長島 百合	11	9	12	8	8	15

11. 次のような地域ブロック別の面積と人口の表があります．面積と人口の全体に対する割合を求めるマクロを作成しなさい．

	A	B	C	D	E
1	ブロック別面積・面積の割合・人口・人口の割合				
2					
3	ブロック名	面積		人口	
4		面積(km²)	割合(%)	人口(千人)	割合(%)
5	北海道	83,520	22.3%	5,460	4.3%
6	東北	66,360	17.7%	9,155	7.2%
7	関東	32,383	8.6%	42,631	33.4%
8	北陸甲信越	42,140	11.2%	8,375	6.6%
9	中部	28,837	7.7%	15,063	11.8%
10	近畿	27,296	7.3%	20,845	16.3%
11	中国	31,788	8.5%	7,494	5.9%
12	四国	18,808	5.0%	3,933	3.1%
13	九州	43,688	11.7%	14,553	11.4%
14	合計	374,820	100.0%	127,509	100.0%

12. 次のような7人の学生の成績一覧があります．すべての学生について，第4章演習問題4の処理を行いなさい．

	A	B	C	D	E	F
1	氏名	英語	数学	国語	合計	評価
2	永田 一男	90	85	100	275	大変よくできました
3	斉藤 さゆり	80	60	90	230	よくできました
4	田中 有希	87	70	50	207	よくできました
5	鈴木 裕紀	53	95	100	248	よくできました
6	伊藤 真紀	45	65	50	160	がんばろう
7	山田 幹夫	40	75	20	135	がんばろう
8	岩崎 雅弘	40	20	10	70	がんばろう

13. 前問同様に，第4章演習問題5の処理を7人すべての学生について行いなさい．

	A	B	C	D	E	F
1	氏名	英語	数学	国語	合計	評価
2	永田　一男	90	85	100	275	A
3	斉藤　さゆり	80	60	90	230	B
4	田中　有希	87	70	50	207	C
5	鈴木　裕紀	53	95	100	248	B
6	伊藤　真紀	45	65	50	160	C
7	山田　幹夫	40	75	20	135	D
8	岩崎　雅弘	40	20	10	70	E

14. 第4章演習問題10のマクロにおいて，数字の色を「赤に変える処理」と「青に変える処理」をサブプロシージャに分割しなさい．

15. 第4章演習問題8のマクロにおいて，所得税額の計算を，引数を使ったサブプロシージャを定義して，その中で算出するように変更しなさい．

第5章 ユーザーインターフェース

VBAでは，ボタンやチェックボックスなどを使ってユーザーインターフェース画面を作成することができる．このような部品を使えば，マウスで簡単に操作できるようになるため，マクロがより一層使いやすくなる．ここでは，これらの部品を使ったユーザーインターフェース画面の作成方法について学ぶ．

5・1 メッセージボックス

メッセージボックスの表示

MsgBox関数を使うと，マクロの実行中に**メッセージボックス**を表示することができる．

例題5-1 メッセージボックス

次のようなメッセージを表示しなさい．

❏ コード例

```
Sub 例題51()
'メッセージボックスの表示
    MsgBox "終了してもよろしいですか?", vbOKCancel
End Sub
```

関数MsgBoxの後ろに，メッセージボックス内に表示する文字列「終了してよろしいですか？」とボタンの種類を示す定数「`vbOkCancel`」が指定されている．

❏ **ボタンの種類**　　メッセージボックスには，指定した定数に応じて，次のようなボタンが表示される．

表5・1　メッセージボックスで使用できるボタン

定数	表示されるボタン
vbOkOnly	[OK]ボタンのみ
vbOkCancel	[OK]ボタンと[キャンセル]ボタン
vbAbortRetryIgnore	[中止], [再試行], [無視]の3つのボタン
vbYesNoCancel	[はい], [いいえ], [キャンセル]の3つのボタン
vbYesNo	[はい]ボタンと[いいえ]ボタン
vbRetryCancel	[再試行]ボタンと[キャンセル]ボタン

② MsgBox関数を使った分岐処理

次に，MsgBox関数によりメッセージを表示し，ユーザーが[はい]ボタンと[いいえ]ボタンのどちらをクリックしたかによって処理の流れが変わるマクロを作成してみよう．

例題5-2　処理の流れを変える

メッセージボックスをつかって「60点以上ですか？」と表示させ，「はい」がクリックされたら「合格です」，「いいえ」がクリックされたら「不合格です」と表示するマクロを作成しなさい．

☐ コード例と説明

```
Sub 例題52()
'処理の流れを変える
    Dim Msg As Integer
    Msg = MsgBox("６０点以上ですか？", vbYesNo)      '①
    If Msg = vbYes Then                              '②
        MsgBox "合格です"                            '③
    Else
        MsgBox "不合格です"                          '④
    End If
End Sub
```

➡ 関数は，引数として与えられた値に対して何らかの処理を行い，結果を戻すものである．
関数MsgBoxは，[はい]ボタンが押されると「vbYes」，[いいえ]ボタンが押されると「vbNo」という値を返す．

① メッセージボックスに「60点以上ですか？」と表示して，「はい」と「いいえ」のどちらがクリックされたかを変数Msgに入れる．
② Msgの値が「はい」(vbYes)かどうか判定する．
③ ②の結果が真のとき（[はい]が押されたとき），「合格です」と表示する．
④ ②の結果が偽のとき（[いいえ]が押されたとき），「不合格です」と表示する．

5・2 簡単なユーザーフォームの作成

1 ユーザーフォームの作成

ユーザーフォームは，ユーザーが作成するダイアログボックスのことである．ユーザーフォームを利用すると，ワークシートへのデータ入力などの各種の操作を効率化することなどができる．

例題 5-3 名簿の作成 ①

次のようなユーザーフォームを作成し，部員番号と氏名を入力して[**登録**]ボタンをクリックすると，部員番号がセル「A2」に，氏名が「B2」に入るようにしなさい．また，[**終了**]ボタンをクリックすると，プログラムが終了するようにしなさい．

手順

□ユーザーフォームの挿入とタイトルの変更

❶Excelを起動し，VBEを開く．
❷[**挿入(I)**] → [**ユーザーフォーム(U)**]を選択する．

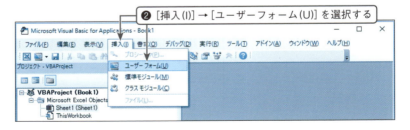

❸ユーザーフォームが開く．

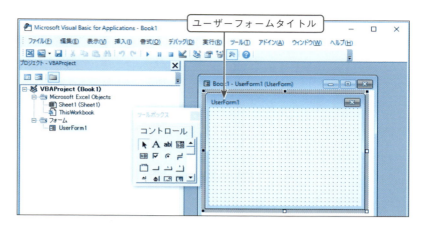

➡ プロパティウィンドウが表示されていないときには，[表示(V)] → [プロパティウィンドウ(W)] を選択する．

❹ ユーザーフォームのタイトルが仮の名前「UserForm1」となっているので，プロパティウィンドウの[Caption]をクリックし，「名簿作成」と入力する．

❺ ユーザーフォームのタイトルが「名簿作成」に変わったことを確認する．

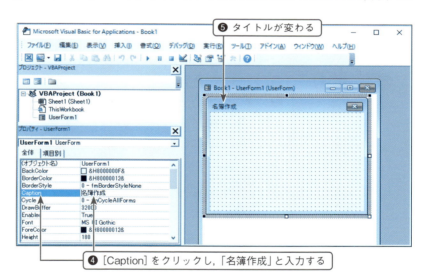

2 コントロール

フォーム上で情報を表示したり受け取ったりする役割を果たす要素を**コントロール**という．ユーザーフォームを開くと，そこに配置されたコントロールが表示される．主なコントロールを表5・2に示す．

第5章 ユーザーインターフェース

表5・2 主なコントロール

種類	ボタン	機能
ラベル	A	文字列を表示する
テキストボックス	abl	文字列の入力を受け付ける
オプションボタン	⦿	複数の項目から1つの項目を選択させる
チェックボックス	☑	オンかオフかを選択させる
リストボックス	▤	複数の項目から特定の項目を選択させる
コンボボックス	▤	複数の項目から特定の項目を選択させたり，文字列の入力を受け付ける
スピンボタン	⇳	データを連続して入力する
コマンドボタン	▁	クリックされたときに，特定の機能を実行する

③ ラベルの表示

ユーザーフォームには，入力項目の説明などを文字で表示することが多い．これを行うのが**ラベル**である．ここでは「部員番号」というラベルを貼り付ける例を示す．

❏ ラベルの貼り付けとラベル名の変更

手順 ➡

❶「ツールボックス」ウィンドウの [**ラベル**] ボタン **A** をクリックする．

❷ マウスをフォーム上に移動すると，マウスポインタが「＋」となるので，ラベルを貼り付ける位置でクリックする．

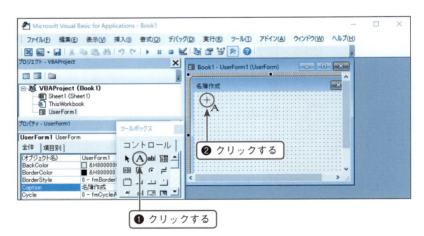

❸ ラベル「Label1」が貼り付けられたことを確認する．

❹ プロパティウィンドウの [**Caption**] をクリックし，「部員番号」と入力して，ラベル表示を変更する．

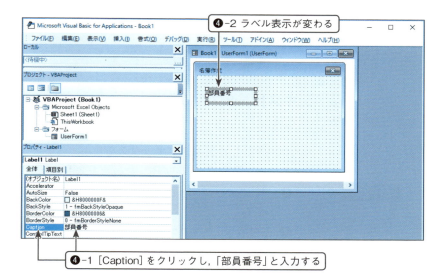

❹-2 ラベル表示が変わる

❹-1 [Caption]をクリックし,「部員番号」と入力する

❏ **ラベルの文字と位置の変更**　作成したラベルのフォントや位置は,後から自由に変更できる.

❶プロパティウィンドウの[**Font**]をダブルクリックして,「フォント」ダイアログボックスを表示する.

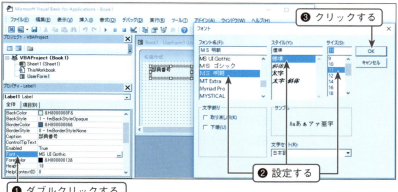

❶ ダブルクリックする
❷ 設定する
❸ クリックする

❷[**フォント名(F)**]を「ＭＳ 明朝」,[**スタイル(Y)**]を「標準」,[**サイズ(S)**]を「11」に設定する.

❸[**OK**]をクリックする.

❹ラベルが選択された状態(ハンドルがついた状態)で,右下隅のハンドルをポイントし,ドラッグしてラベルの大きさを変更する.

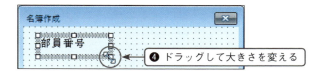

❹ ドラッグして大きさを変える

➡ 現在の位置で問題なければ，❺の操作は不要．

❺ ラベルの四辺のどこかをポイントし，ドラッグして位置を変更する．同様にして，フォーム上にもう1つラベルを追加し，ラベル表示を「氏名」に変更しておく．

4 テキストボックスの作成

ユーザーフォームでは，ユーザーからの入力を受け取るためのコントロールとして**テキストボックス**を使用することができる．ここでは，部員番号や氏名を受け取るのに，このテキストボックスを利用する．

手順

❶「ツールボックス」ウィンドウの[**テキストボックス**]ボタン abl をクリックする．

❷「部員番号」ラベルの横でクリックして，「部員番号」を受け取るテキストボックスをフォームに貼り付ける．

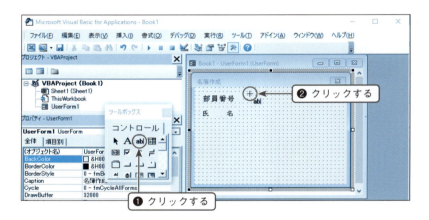

❸ 同様にして，「氏名」を受け取るテキストボックスを貼り付ける．

❹ ラベルと同様の手順で，テキストボックスの大きさと位置を調整する．

5 コマンドボタンの作成

以上の手順でユーザーフォームにラベルとテキストボックスが追加されたが，これだけでは，マクロを実行してワークシートにデータを入れることはできない．次に，ユーザーフォームと実行するマクロを関連付ける**コマンドボタン**を作成する．ここでは[**登録**]というボタンを作成し，これをクリックすると，ユーザーフォーム上で入力されたデータが，ワークシートに入るようにする．

手順

❶「ツールボックス」の[**コマンドボタン**] をクリックし，ラベルのときと同様にして，ユーザーフォーム上に貼り付ける．

5・2 簡単なユーザーフォームの作成

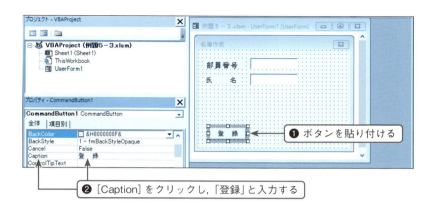

❷[Caption]をクリックし,「登録」と入力する.
❸文字のフォント,位置,大きさを調整する.
❹同様にして,[終了]というコマンドボタンを作成する.

これで名簿作成フォームが完成した.

6 イベントプロシージャの記述

　キーボードからキーを押したり,マウスをクリックする操作を**イベント**という.[登録]ボタンをクリックしたタイミングで,テキストボックスに入力されたデータをワークシートに入れる処理を実行するには,[登録]ボタンにイベントによって動作するプロシージャを記述する必要がある.

❏プロシージャの記述　　次の手順は,ユーザーフォーム作成画面において行う.

手順
❶[登録]ボタンをダブルクリックして,コードウィンドウ(プロシージャの入力画面)を表示する.
❷「Private Sub CommandButton1_Click()」と「End Sub」の2行の間に,次の②,③のコードを入力する.

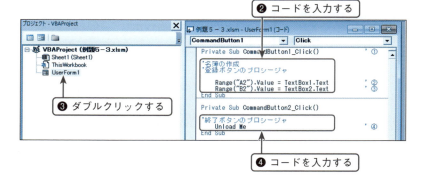

❸コードを入力したら，プロジェクトエクスプローラー上の[**UserForm1**]をダブルクリックし，ユーザーフォーム作成画面に戻す．

❹[**終了**]ボタンをダブルクリックして，再びコードウィンドウを表示する．

❺「`Private Sub CommandButton2_Click()`」と「`End Sub`」の2行の間に，上図④のコード「`Unload Me`」を入力する．

❻プロジェクトエクスプローラー上の[**UserForm1**]をダブルクリックし，ユーザーフォーム作成画面に戻す．

❏ コードの説明

①この`Sub`プロシージャが[**CommandButton1**]がクリックされたときに実行されることを表している．また，先頭の`Private`は，このプロシージャが同じモジュール内のプロシージャのみから呼び出しできることを表している．

②[**TextBox1**]に入力されたデータを，セル「A2」に入れる．

③[**TextBox2**]に入力されたデータを，セル「B2」に入れる．

④フォームの実行を終了する命令である．これは[**終了**]ボタンがクリックされたときに実行される．

➡ `Private`が省略されたときは，`Public`が指定されたことになる．`Public`が指定されたプロシージャは，すべてのモジュールから呼び出すことができる．

7 マクロの実行

それでは，作成したフォームを使ってワークシートにデータを入力してみる．

【手順】
❶ユーザーフォームの作成ウィンドウ画面において，[**Sub/ユーザーフォームの実行**]ボタン▶をクリックする．

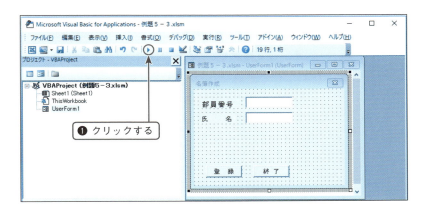

❷ 部員番号と氏名を入力する．
❸ [**登録**] ボタンをクリックする．
❹ 部員番号と氏名がワークシートに入力されたことを確認する．

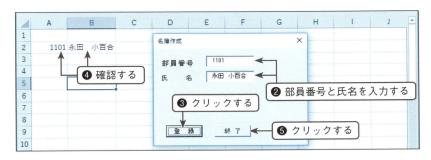

❺ [**終了**] ボタンをクリックして，フォームの実行を終了する．

5・3 項目を選択するユーザーフォームの作成

　複数の項目から1つを選択するオプションボタン，複数の項目を選択するチェックボックス，複数のリストから1つの項目を選択するコンボボックスなどを使うと，データの入力を容易にすることができる．

第5章 ユーザーインターフェース

例題 5-4　名簿の作成 ②

例題5-3で作成した「名簿の作成」ユーザーフォームに，次の機能を追加しなさい．

(1) オプションボタンにより性別を選択し，その値をセル「C2」に入力する．
(2) コンボボックスにより学部のリストから所属学部を選択し，その値をセル「D2」に入力する．
(3) チェックボックスによりコースを選択し，その値をセル「E2」に入力する．

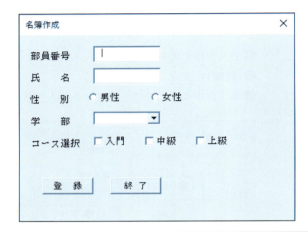

1　オプションボタンの使い方

オプションボタンは，複数のボタンを表示し，ユーザーがその中から1つを選択するコントロールである．ここでは，[**男性**]，[**女性**]の2つのボタンを表示して，どちらかをクリックすることにより，性別を入力できるようにする．

❏ **オプションボタンの貼り付け**

手順 ➡

❶ プロジェクトエクスプローラーにて[UserForm1]をダブルクリックして，ユーザーフォームの作成画面を表示する．

❷ ラベル「性別」を貼り付け，文字の位置，フォントを必要に応じて調整する．

❸ 「ツールボックス」ウィンドウで[**オプションボタン**] を選択した後，フォーム上でクリックしてオプションボタンを貼り付ける．

5・3 項目を選択するユーザーフォームの作成　67

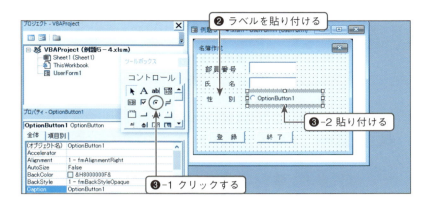

❹プロパティウィンドウにて[Caption]を「男性」に変更し，必要に応じてフォントなどを調整する．

❺オプションボタンの大きさを調整する．これで[男性]オプションボタンが完成となる．

❻同様に，[女性]オプションボタンを作成する．

❏コードの記述　　[登録]コマンドボタンのプロシージャに，オプションボタンの値をワークシートに反映するコードを追加する．

手順 ➡

❶[登録]コマンドボタンをダブルクリックし，コードウィンドウ（プロシージャの入力画面）を表示する．

❷次の①から⑥のコードを追加する．

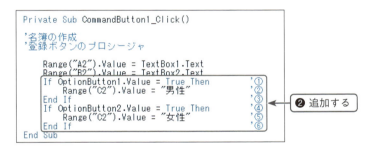

❏コードの説明

①〜③ オプションボタン1の値が「True」のときは，セル「C2」に「男性」を入れる．

④〜⑥ オプションボタン2の値が「True」のときは，セル「C2」に「女性」を入れる．

　オプションボタンの値は，オプションボタンがクリックされて ⦿ となっているときは「True」，クリックされておらず ○ となっているときは「False」となる．

2 コンボボックスの使い方

コンボボックスは，複数の項目を表示して，その中から1つを選択させるコントロールである．ここでは学部名の一覧を表示して，その中から学部を選択するコンボボックスをフォームに追加する．

❏ コンボボックスの貼り付け

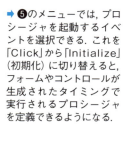

❶ プロジェクトエクスプローラーにて［UserForm1］をダブルクリックして，ユーザーフォームの作成画面を表示する．

❷ ラベル「学部」を貼り付け，文字の位置，フォントを必要に応じて調整する．

❸ 「ツールボックス」ウィンドウで［コンボボックス］ を選択した後，フォーム上でクリックしてコンボボックスを追加する．

❹ ユーザーフォーム上の適当な位置（コントロールがない場所）でダブルクリックして，コードウィンドウ（プロシージャの入力画面）を表示する．

❺ ウィンドウ右上のメニューボックスの ボタンをクリックして，「Initialize」を選択する．

➡ ❺のメニューでは，プロシージャを起動するイベントを選択できる．これを「Click」から「Initialize」（初期化）に切り替えると，フォームやコントロールが生成されたタイミングで実行されるプロシージャを定義できるようになる．

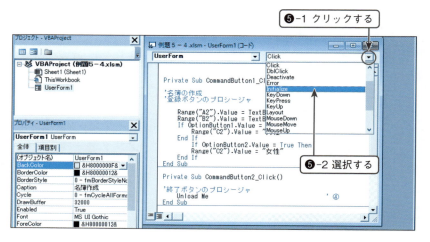

5・3 項目を選択するユーザーフォームの作成

➡ AddItemメソッドは，コンボボックスで表示されるメニューに，新たな項目を追加するメソッドである．

❻「`Private Sub UserForm_Initialize`」というプロシージャ定義が表示されたことを確認する．

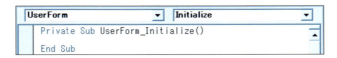

❼AddItemメソッドを使って，次のように「ComboBox1」で選択可能にする「Item」（項目）を記述する．

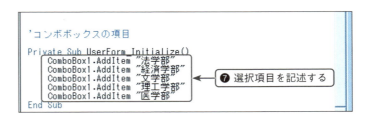

❏ **コードの記述**　［登録］ボタンをクリックしたときに実行されるプロシージャに，コンボボックスで選択した項目をセル「D2」に入れるコードを追加する．

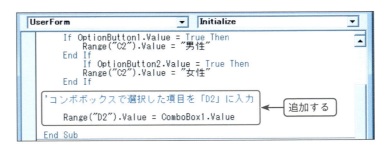

③ チェックボックス

➡ 2つ以上のコースをチェックすると，後からチェックしたコースで上書きされるので注意する．

　ユーザーフォームに複数の項目を表示し，チェックして選択したものを入力する．ここでは「入門」「中級」「上級」の3コースを表示し，その1つのみをチェックし，セル「E2」に入力する．

❏ **チェックボックスの貼り付け**

❶プロジェクトエクスプローラーにて［UserForm1］をダブルクリックして，ユーザーフォームの作成画面を表示する．

❷ラベル「コース選択」を貼り付け，文字の位置，フォントを必要に応じて調整する．

❸「ツールボックス」ウィンドウで［**チェックボックス**］☑を選択した後，フォーム上でクリックしてチェックボックスを追加する．

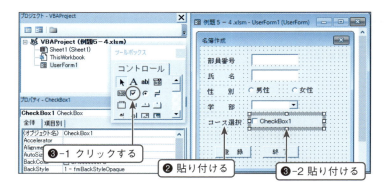

❹ プロパティウィンドウにて［Caption］を「入門」に変更し，必要に応じてフォントなどを調整する．

❺ 同様にして，「中級」「上級」のチェックボックスを貼り付ける．

❏ コードの記述　　［登録］ボタンをクリックしたときに実行されるプロシージャに，チェックボックスで選択した項目をセル「E2」に入れるコードを追加する．

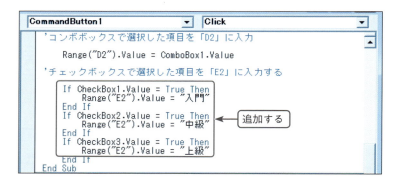

「CheckBox1」の値が「True」のときは，「入門」がチェックされたときなので，セル「E2」に「入門」という文字を入れる．同様にして，「中級」「上級」がチェックされたときには，それぞれセル「E2」に「中級」「上級」という文字を入れる．

以上で，例題5-4のマクロは完成なので，マクロを実行して，実際に動作を確認してみよう．

❹ スピンボタン　連続したデータの入力

データベースの作成などではデータを連続して入力したい場合がある．このようなときに利用すると便利なコントロールが**スピンボタン**である．

5・3 項目を選択するユーザーフォームの作成　71

例題5-5　成績一覧表の作成

「受験番号」「氏名」「英語」「数学」「国語」「3科目の合計点」といった6つの列を持つ表が，ワークシートに作成されている．[**データの入力**]ボタンをクリックすると，下図右下のようなユーザーフォームが表示され，このフォームの「受験番号」「氏名」と3科目の点を入力して[**確認**]ボタンをクリックすると，3科目の合計点が計算され，入力したデータとともにワークシートに反映されるようなマクロを作成しなさい．

❏ **ワークシートの準備**　　新規ファイルを作成して，ワークシートに次のようにタイトルと項目名を入力し，罫線を引いておく．

❏ **ユーザーフォームの作成**

❶ [**開発**]タブ→[**Visual Basic**]を選択して，VBEを起動する．
❷ VBEのメニューから[**挿入(I)**] → [**ユーザーフォーム**]を選択する．
❸ ラベル「受験番号」「氏名」「英語」「数学」「国語」「合計」を貼り付ける．

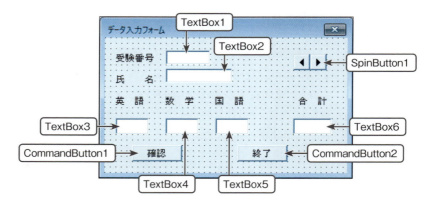

❹ 各項目を入力するテキストボックス「TextBox1」「TextBox2」「TextBox3」「TextBox4」「TextBox5」「TextBox6」をフォームに追加する．

❺ [確認]ボタン「CommandButton1」と[終了]ボタン「CommandButton2」をフォームに追加する．

❏ **スピンボタンの貼り付け**

❶ 「ツールボックス」ウィンドウで[**スピンボタン**]を選択する．

❷ ユーザーフォーム上でクリックして，スピンボタンを追加する．

❸ スピンボタンのサイズを調整する（次図のように横方向に拡大し並びを変更した後，全体を小さくする）．

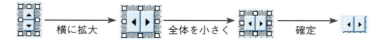

❹ スピンボタンを選択した状態で，プロパティウィンドウの次の値を設定する．

[**Max**]を100にする．これによってスピンボタンの値の最大値が100になる．

[**Min**]を3にする．これによってスピンボタンの値の最小値が3になる．

[**SmallChange**]を1にする．これによって，スピンボタンを1回押すたびに値が1ずつ増減するようになる．

❏ [**確認**] **ボタンのコード**　ユーザーフォームの[**確認**]ボタンをダブルクリックし，次のコードを記述する．

5・3 項目を選択するユーザーフォームの作成

```
CommandButton1                    Click
'成績一覧表の作成
'確認ボタンのコード
Private Sub CommandButton1_Click()
    Dim Eigo As Integer                                        ' ①
    Dim Sugaku As Integer
    Dim Kokugo As Integer
    Sheets("Sheet1").Activate                                  ' ②
    Cells(1 + SpinButton1.Value, 1) = TextBox1.Text            ' ③
    Cells(1 + SpinButton1.Value, 2) = TextBox2.Text            ' ④
    Eigo = Val(TextBox3.Text)                                  ' ⑤
    Sugaku = Val(TextBox4.Text)                                ' ⑥
    Kokugo = Val(TextBox5.Text)                                ' ⑦
    Cells(1 + SpinButton1.Value, 3) = Eigo                     ' ⑧
    Cells(1 + SpinButton1.Value, 4) = Sugaku                   ' ⑨
    Cells(1 + SpinButton1.Value, 5) = Kokugo                   ' ⑩
    Cells(1 + SpinButton1.Value, 6) = Eigo + Sugaku + Kokugo   ' ⑪
    TextBox6.Text = Cells(1 + SpinButton1.Value, 6)            ' ⑫
End Sub
```

①各得点を代入する変数を整数型で宣言する.

②「Sheet1」をアクティブにする.

③スピンボタンの値に1を加えた値を行,1を列とし(最初はCells(4, 1)となる),このセルに「TextBox1」の値を入れる.

④スピンボタンの値に1を加えた値を行,2を列としてセルに「TextBox2」の値を入れる.

⑤～⑦「TextBox3」「TextBox4」「TextBox5」の値を数値化して,それぞれ変数Eigo,Sugaku,Kokugoに入れる.

⑧～⑩変数Eigo,Sugaku,Kokugoの値をCellsプロパティで指定したセルに入れる.

⑪変数Eigo,Sugaku,Kokugoの値の合計をF列のセルに入れる.

⑫⑪でセルに入れた値をユーザーフォームの「合計」テキストボックス (TextBox6)に入れる.

➡「Val」は文字列を数値に変換する関数である.TextBoxに入力されたデータは文字列となるので,計算を行うには,まず,数値に変換する必要がある.

❏ **[終了]ボタンのコード**　ユーザーフォームの[**終了**]ボタンをダブルクリックし,次のコードを記述する.

```
'終了ボタンのコード
Private Sub CommandButton2_Click()
    Unload Me
End Sub
```

❏ **スピンボタンのコード**　ユーザーフォームのスピンボタンをダブルクリックし,次のコードを記述する.

```
;スピンボタンのコード
Private Sub SpinButton1_Change()
    Dim Eigo As Integer
    Dim Sugaku As Integer
    Dim Kokugo As Integer
    Sheets("Sheet1").Activate
    TextBox1.Text = Cells(4 + SpinButton1.Value, 1)   ;①
    TextBox2.Text = Cells(4 + SpinButton1.Value, 2)   ;②
    TextBox3.Text = Cells(4 + SpinButton1.Value, 3)   ;③
    TextBox4.Text = Cells(4 + SpinButton1.Value, 4)   ;④
    TextBox5.Text = Cells(4 + SpinButton1.Value, 5)   ;⑤
End Sub
```

①～⑤ それぞれのセルの値を対応するTextBoxに入れる．

❏ **フォームを呼び出すボタンの作成**

手順

❶ ワークシートを表示して，[**開発**]タブ→[**挿入**]をクリックし，[**ボタン（フォームコントロール）**] をクリックする．

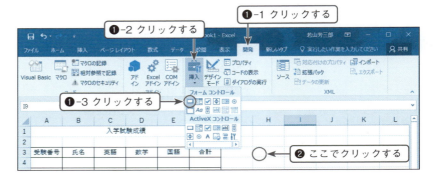

❷ ワークシート上でクリックし，コマンドボタンを貼り付けると，「マクロの登録」ダイアログボックスが表示される．

❸ [**新規作成**]をクリックして，追加したボタンに対するコードウィンドウを表示する．

❹ コード「UserForm1.Show」を記述する．これはUserForm1を表示するステートメントである．

❺ ワークシートに戻って，作成した[**ボタン1**]を一度右クリックで選択状態にしてからクリックし，ボタン表示を「データの入力」に書き換える．

❏ **マクロの実行**

手順

❶ ワークシート上で[**データの入力**]ボタンをクリックする．

❷ユーザーフォームが表示されたら，1人分の受験番号，氏名および英語・数学・国語の点を入力する．

❸［確認］ボタンをクリックすると，合計点が計算されフォームに表示されるとともに，入力したデータと合計点がセルに格納される．

❹スピンボタン▶をクリックすると，次の行のデータが入力できるようになるので，必要なだけデータの入力を繰り返す．

❺スピンボタン◀をクリックすると，1行前のデータが表示される．ただし，合計点については表示が反映されない．

5・4 配列とArray関数

次に，ユーザーフォームと配列を使ったマクロを作成する．ここでは，配列を扱うのに便利なArray関数を使用する．

例題5-6 えとと星座を求める

次のように動作するマクロを作成しなさい．
(1) シート上の［えとと星座］ボタンをクリックすると，次のユーザーフォームが表示される．
(2) このフォーム上で生年月日（西暦）を入力し，［えとと星座を表示］ボタンをクリックすると，対応するえとと星座が表示される．

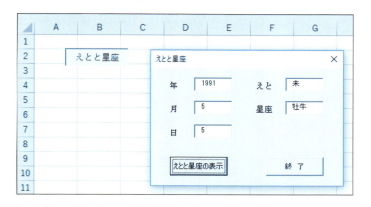

① えとは子，丑，寅，卯，辰，巳，午，未，申，酉，戌，亥の順になっている．ここでは1992年の申年を基準にしてコードを記述するものとする．

② 星座は，山羊座（12月22日～1月19日），水瓶座（～2月18日），魚座（～3月20日），牡羊座（～4月19日），牡牛座（～5月20日），双子座（～6月21日），蟹座（～7月22日），獅子座（～8月22日），乙女座（～9月22日），天秤座（～10月23日），蠍座（～11月22日），射手座（～12月21日）となっている．

☐ **えとの求め方**　えとは12種類存在するので，生まれた年を12で割った余りを使って分類できる．1992年を12で割った余りは0で，この年は申年であるから，えとを入れる配列Etoの配列要素Eto(0)に申を入れておく．同様にして，図5・1のように配列Etoの各要素にえとの種類を入れておく．

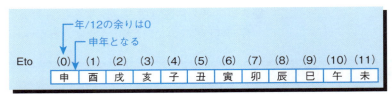

図5・1　えとの配列

☐ **星座の求め方**　星座の数も12であるが，期間が2ヶ月にまたがっているため，えとよりも少し工夫が必要である．ここでは2つの配列SeizaとDを使って星座の分類を行う．例えば，山羊座は12月22日～1月19日であるから，Seiza(0)には"山羊"を，D(0)には1月における山羊座の最後の日「19」を入れておく．同様にして，図5・2のように，Seiza(1)～Seiza(11)およびD(1)～D(11)に，順に各月の星座とその月の星座の最終日を入れておく．そして，Seiza(12)とD(12)には，12月22日以降の星座名「山羊」と最終日「19」を入れておく．

➡ 月の数値と配列Seizaのインデックスが1つずれているため（1月の星座名はSeiza(0)に入っている），T=T-1（Tから1を引く）としている．

次に，月Tと日Hを入力し，T＝T-1の計算をする．HがそのT月の最終日D(T)よりも前ならば，T月の星座名はSeiza(T)となる．また，HがD(T)より後ならば星座名はSeiza(T+1)となる．

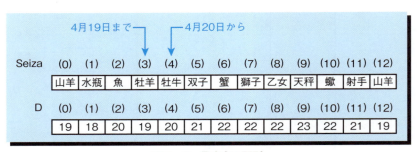

図5・2　星座名の配列

❏ ユーザーフォームの作成

❶ VBE を開いて，ユーザーフォームを作成する．
❷ ユーザーフォーム上に，年，月，日を入力するラベルとテキストボックス，求めた「えと」と「星座」を表示するラベルとテキストボックスを貼り付ける．
❸ コマンドボタン［えとと星座の表示］と［終了］を貼り付ける．

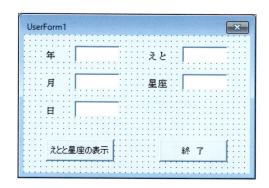

❏ ［えとと星座の表示］ボタンのコード

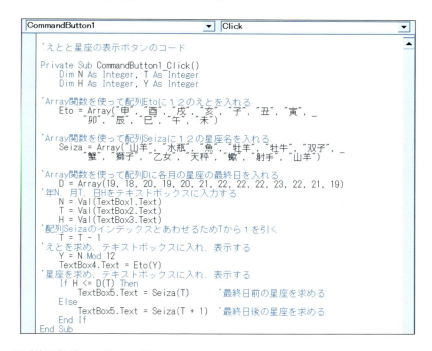

❏ ［終了］ボタンのコード

```
'終了ボタンのコード
Private Sub CommandButton2_Click()
    Unload Me
End Sub
```

第5章 ユーザーインターフェース

❏ **[えとと星座] ボタンのコード**　次に，ワークシート上で [**開発**] タブ→ [**挿入**] → [**ボタン (フォームコントロール)**] □ を選択し，表示された「マクロの登録」ダイアログボックスでマクロ名を「えとと星座_Click」に変更し，[**新規作成**] ボタンをクリックして，次のコードを入力する（ボタン表示については，コード入力後に「えとと星座」に変更しておく）．

```
'ユーザーフォームの表示
Sub えとと星座_Click()
    UserForm1.Show
End Sub
```

このコードに登場するArray関数とGoToステートメントについて，次に説明する．

❏ **Array関数**　引数として与えた値を各要素とする配列を自動で作成する関数である．配列宣言は不要であるが，各要素のデータ型はバリアント型となり，他のデータ型は指定できない．

例
```
Namae = Array("石井", "佐伯", "中島")    ……… Namae(0), Namae(1),
                                             Namae(2) に "石井", "佐伯", "中島" が入る
```

❏ **GoToステートメント**　これは無条件に処理の流れを変えるステートメントである．

```
GoTo 行ラベル
```

例
```
Syori1:
    Range("A1").Value = Gokei
        :
    GoTo Syori1    ………… 行ラベル Syori1 にジャンプする
```

➡ この例のように，行ラベルは，コードの行頭にラベル名と「:」（コロン）を付けて記述する．

❏ **マクロの実行**　Excelワークシート上のボタン [**えとと星座**] をクリックし，生年月日を西暦で入力すると，対応するえとと星座が表示される．

演習問題

1. 次のようなメッセージボックスを表示しなさい．

2. メッセージボックスに「経験年数は3年以上ですか？」と表示して，「はい」がクリックされたら「参加できます」，「いいえ」がクリックされたら「参加できません」と書かれた2つのメッセージボックスを表示するマクロを作成しなさい．

3. 次のようなユーザーフォームを作成し，会員番号と氏名を入力して，［登録］ボタンをクリックしたとき，会員番号がセル「A4」に，氏名が「B4」に入るようなマクロを作成しなさい．また，［終了］ボタンをクリックすると，プログラムが終了するものとします．

4. 次のようなユーザーフォームを作成し，会員番号・氏名・性別・大学名・携帯番号を表のように入力するマクロを作成しなさい．なお，大学名はコンボボックス，性別はオプションボタンで入力するものとします．

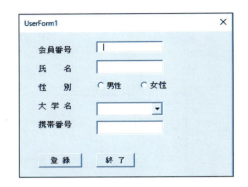

5. 次のようなユーザーフォームを作成し，学生番号・氏名・受講講座名を表の中に入力するマクロを作成しなさい．なお，受講講座名はチェックボックスを使って入力するものとします．

6. 次のような住所録データを入力するマクロを作成しなさい（番号・氏名などの見出しや，罫線などは，あらかじめワークシートに作成しておきます）．

上図の[**データの入力**]ボタンをクリックすると，次のようなユーザーフォームが表示され，ここで番号・氏名・郵便番号・住所・電話番号を入力して[**確認**]ボタンをクリックすると，ワークシートにデータが入力されるものとします．また，スピンボタン▶をクリックすると次のデータが入力可能になり，スピンボタン◀をクリックすると1件前のデータが表示されるものとします．

7．月を数字で入力すると，その月の季節名を表示するマクロを作成しなさい．12月〜2月は冬，3月〜5月は春，6月〜8月は夏，9月〜11月は秋とします．なお，季節名はArray関数で配列に格納するものとします．

第6章 シートとブックの取り扱い

Excelにおいては，複数のワークシート間やブック間でデータを参照することも多い．ここでは，シートとブックの取り扱いのあらましを学ぶ．

6・1 ワークシートの取り扱い

まずは，ブックにシートを追加する方法や，シートをコピーする方法など，VBAで複数のシートを利用する処理について学ぶ．

例題6-1 成績一覧表の作成

次の成績一覧表を元に，(1)～(3)の処理を行うマクロを作成しなさい．
(1) 前期，後期，学年のシートを追加する．
(2) 成績一覧表をコピーする．
(3) 追加したワークシートを削除する．

	A	B	C	D	E	F
1			成績一覧表			
2						
3	学生番号	氏名	英語	数学	国語	合計点
4	1101	内藤　彰				
5	1102	斉藤　さゆり				
6	1103	髙井　孝紀				
7	1104	坂井　由樹				
8	1105	渡辺　裕樹				
9	1106	佐藤　早紀				
10		平均点				

① シートの追加とシート名の変更

まずは，VBAでシートを追加し，シート名を変更する方法を学ぶ．

□準備

❶Excelを起動し，「Sheet1」に成績一覧表を作成する．

❷追加するシートのシート名を「H1:H3」に入力する．

❸[開発]タブ→[挿入]→[コマンドボタン (ActiveXコントロール)]をクリックして，ActiveXコントロールのコマンドボタンを，シート上に貼り付ける．

➡ここではActiveXコントロールボタンを使用しているが，フォームコントロールボタンを使用してもよい．

6・1 ワークシートの取り扱い

→ ActiveXコントロールは，フォームコントロールを発展させたもので，あるアプリで作成されたオブジェクトを他のアプリで使用できるなど，より詳細な設定や高度な機能が使用できる．

❹追加したボタンをダブルクリックするとVBEが表示されるので，この状態で，プロパティウィンドウ内の[Caption]を「シートの追加」に変更する．

❏ コード例と説明　VBA上で，次のコードを記述する．

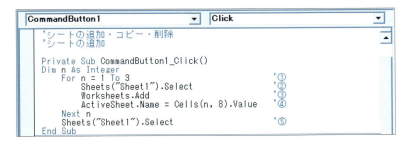

① For … Next 文で②から⑤の処理を繰り返す．
②「Sheet1」を選択する．
③シートを追加する．
④アクティブシートのシート名を変更する．シート名は「Sheet1」の8列目（H列）のn行目のセルの値 Cells(n, 8) とする．
⑤「Sheet1」を選択し，画面を元の状態に戻す．

→ nが1から3まで変わり，「前期」「後期」「学年」という名称のシートが作成される．

❏ シートの追加　シートの追加にはAddメソッドを使う．

```
Worksheets.Add ([Before または After] := Worksheets("基準シート名"))
```

→ VBAのメソッドでは，引数に名前が付けられているものがある．このような引数を名前付き引数という．メソッドの呼び出しで，名前付き引数を指定するときは，この箇所のように，「引数の名前:=指定する値」という形にする．

Before，Afterを指定したときには，基準として指定したシートの前（左）あるいは後（右）にシートが追加される．指定しないときには，現在アクティブなシートの直前に追加される．

例
```
Worksheets.Add                       現在アクティブなシートの直前に追加
Worksheets.Add After:=Worksheet("Sheet3")
                                      「Sheet3」の後に追加
```

❏ **シート名の変更**　シート名を変更する方法は次のとおり.

```
ActiveSheet.Name = "シート名"
```

例
```
ActiveSheet.Name = "集計"
```

② 表のコピー

　シートの追加のときと同様，ActiveXコントロールのコマンドボタンをワークシート上に貼り付け，VBE上でこのボタンの[**Caption**]プロパティを「表のコピー」に変更する．

❏ **コード例と説明**

```
'表のコピー
Private Sub CommandButton2_Click()
Dim n As Integer
    Dim namae As String                   '①
    Sheets("Sheet1").Select               '②
    Range("A1:F10").Select                '③
    Selection.Copy                        '④
    For n = 1 To 3
        namae = Sheets("Sheet1").Cells(n, 8)  '⑤
        Sheets(namae).Select              '⑥
        ActiveSheet.Range("A1").Select    '⑦
        ActiveSheet.Paste                 '⑧
        Sheets("Sheet1").Select           '⑨
    Next n
    Sheets("Sheet1").Select
End Sub
```

①変数namaeを文字列型で宣言する．
②「Sheet1」を選択し，アクティブにする．
③表が入力されているセル範囲「A1:F10」を選択する．
④選択したセル範囲「A1:F10」をコピーする．
⑤シート名を「Sheet1」から取得して，変数namaeに入れる．
⑥シート名「namae」のシートを選択する．nの値が1，2，3と変わるたびに，「前期」「後期」「学年」のシートが順番に選択される．
⑦アクティブシートのセル「A1」（コピー先の左上端のセル）を選択する．
⑧セル範囲「A1:F10」の表を貼り付ける．
⑨「Sheet1」を選択し，次のシートを選択するための準備をする．

❏ **コピー**　第4章でも説明したように，Copy，Pasteメソッドを使用するとセル範囲がコピーできる．このとき，値をコピーした後，別のシートをアクティブにすれば，コピー元と別のシートをコピー先にすることができる．

```
Object.Copy
Object.Paste
```

6・1　ワークシートの取り扱い　**85**

次の例では，選択したセル範囲をSelectionプロパティで取得し，Copyメソッドで書式ごとクリップボードに取り込んだ後，Pasteメソッドで貼り付けている．

例
```
Selection.Copy
Sheets("Sheet2").Select
ActiveSheet.Paste
```

③ シートの削除

シートの追加のときと同様に，ActiveXコントロールのコマンドボタンをワークシート上に貼り付け，VBE上でこのボタンの[**Caption**]プロパティを「シートの削除」に変更する．

❏ **コード例と説明**

```
'シートの削除
Private Sub CommandButton3_Click()
    Dim n As Integer
    Dim namae As String
    For n = 1 To 3
        Sheets("Sheet1").Activate             '①
        namae = Sheets("Sheet1").Cells(n, 8)  '②
        Sheets(namae).Activate                '③
        Application.DisplayAlerts = False     '④
        ActiveSheet.Delete                    '⑤
    Next n
End Sub
```

①「Sheet1」をアクティブにする．
②「Sheet1」からシート名を取得する．
③削除するシートをアクティブにする．
④削除してよいかどうかの確認のメッセージを表示しないよう設定する．
⑤アクティブなシートを削除する．

❏ **シートの削除**　　シートの削除はDeleteメソッドで行う．

```
Object.Delete
```

例
```
Application.DisplayAlerts = False
ActiveSheet.Delete
```

この例では，シートを削除する前に1行目でApplication.DisplayAlertsをFalseにしている．このプロパティの指定方法は次のとおり．

```
Object.DisplayAlerts＝設定値（TrueまたはFalse）
```

これによって，確認メッセージを表示しないように設定した後，Deleteメソッドで実際にシートを削除している（設定しない場合，シートを1枚削除するたびに次のメッセージが表示される）．

6・2 ブックの取り扱い

Excelのファイルはブックという形式で取り扱われる．ここではVBAでブックを開く，閉じる，追加する，コピーする方法などを学ぶ．

① ブックを開いて参照する

例題6-2　ブックを開く

USBメモリに3つの「入試試験成績採点表」がファイル名「1班」「2班」「3班」で保存されている．次の処理を行うマクロを作成しなさい．
(1) 3つのファイルを開く．
(2) ブック「1班」をアクティブにする．
(3) 図形ボタンにマクロを登録して，クリックするとマクロが実行されるようにする．

➡ 1つのファイルは1つのブックに記録される．

➡ 図形ボタンの貼り付けは13ページを参照する．

❏ コード例

❏ ブックを開く　　VBAからExcelのファイルを開くときは，WorkbooksコレクションのOpenメソッドを，ファイルの場所とファイル名を指定して実行する．

```
Workbooks.Open Filename := "保存先:¥ファイル名"
```

例
```
Workbooks.Open Filename := "F:¥成績一覧表"
```

　Filenameには，ファイルが保存されているドライブやフォルダーとファイル名を指定する．

❏ **特定のブックのデータを参照する**　　複数のブックが開かれているとき，特定のブックをアクティブにする（操作対象にする）にはWorkbookオブジェクトのActivateメソッドを使用する．

```
Workbooks("ブック名").Activate
```

例
```
Workbooks("成績一覧表").Activate
```

② ブックの作成と保存

例題6-3　ブックの作成と保存

　現在開いているブックから新たにブックを作成し，「成績一覧表」というファイル名で保存するマクロを作成しなさい．なお，このマクロは図形ボタンをクリックして実行するものとする．

❏ **コード例**

```
Sub 例題63()
    Workbooks.Add
    ActiveWorkbook.SaveAs Filename:="成績一覧表"
End Sub
```

❏ **ブックの作成**　　VBAを使って新しいブックを作成するときは，WorkbooksコレクションのAddメソッドを使用する．

```
Workbooks.Add
```

❏ **ブックの保存**　　WorkbookオブジェクトのSaveAsメソッドを使用すると作成したブックを保存できる．ブックを作業中のブックと同じ場所に保存するには，作成したブックをアクティブにして次のコードを実行すればよい．

```
ActiveWorkbook.SaveAs Filename:="ブック名"
```

3 ブックのパス名・ブック名の参照

例題6-4 ブックの参照

　USBメモリに保存されている「例題6-4ゴルフ部員名簿」を開き，パス名，ブック名を次のようにワークシート上に表示するマクロを作成しなさい．

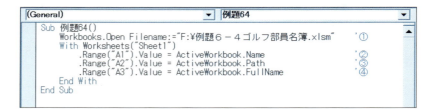

❑ コード例と説明

```
Sub 例題64()
    Workbooks.Open Filename:="F:¥例題6-4ゴルフ部員名簿.xlsm"    '①
    With Worksheets("Sheet1")
        .Range("A1").Value = ActiveWorkbook.Name                '②
        .Range("A2").Value = ActiveWorkbook.Path                '③
        .Range("A3").Value = ActiveWorkbook.FullName            '④
    End With
End Sub
```

①「例題6-4ゴルフ部員名簿」を開く．
②セル「A1」にアクティブブックのブック名を入れる．
③セル「A2」にアクティブブックのパス名を入れる．
④セル「A3」にアクティブブックのパス名とブック名を入れる．

❑ **ブックのパス名，ブック名の参照**　　アクティブブックのパス名やブック名の情報を取得するには，`Workbook`オブジェクトの`Name`プロパティ，`Path`プロパティ，`FullName`プロパティを使用する．

6・3 複数のブックやシートを1つにまとめる

➡ 1つのブックにまとめるということは，ファイルが1つになるということである．

　次に，複数のブックにあるデータを，1つのブックの1つのシートにまとめる方法を学ぶ．

6・3 複数のブックやシートを1つにまとめる　89

例題6-5　入試採点の集計

ある大学では，入学試験の採点を3班に分けて行い，それぞれの結果を「1班」「2班」「3班」の3つのExcelブックに記録している．このとき，次の処理を行いなさい．

(1) 1～3班のブックのデータを，集計表ブックの1～3班のシートにコピーする．

(2) コピーした1～3班シートのデータを，集計表シートにまとめる．

処理結果

	A	B	C	D	E	F	G	H	I	J
1				入試試験成績採点集計表						
2										
3	受験番号	英語	国語	数学	理科	社会	合計点		各班採点のコピー	
4	1001	60	40	60	80	70	310			
5	1002	60	80	40	60	20	260		集計表の作成	
6	1003	80	70	40	50	60	300			
7	1004	90	50	60	40	100	340			
	1005	50		80		40	280			
99	1056	65	45	60	25	15	250			
100	1057	85	35	80	75	75	350			
101	1058	20	85	70	90	45	310			
102	1059	50	85	75	90	45	345			
103	1060	85	90	70	65	75	385			

① 複数ブックからのデータのコピー

まずは，取りまとめたいデータが含まれるブックを開き，各ブックの「Sheet1」のデータをコピーする．

□**準備**　まず，次の準備をしておく．

手順

→ あらかじめDドライブにフォルダー「VBADATA」を作成しておく．

❶ Excelを起動する．

❷ DドライブのVBADATAフォルダーに，1班の採点データを入力し，ファイル名「1班」で保存する．

❸ 同様にして，2,3班の採点データのファイル「2班」「3班」を作成する．

❹ 次のような集計表ファイルを作成し，シート名を「集計」「1班」「2班」「3班」としておく．

	A	B	C	D	E	F	G
1				入試試験成績採点集計表			
2							
3	受験番号	英語	国語	数学	理科	社会	合計点
4							
5							
6							
7							

　　集計　1班　2班　3班　⊕

❺ [開発] タブ → [挿入] → [ボタン（フォームコントロール）] をクリックし，コマンドボタンをシートに貼り付ける．

❻「マクロの登録」ダイアログボックスが表示されるので，[**新規作成**]をクリックして，追加したボタンに対するコードウィンドウを表示する．
❼該当箇所に，次のコードを記述する．
❽ワークシートに戻って，ボタン表示を「各班採点のコピー」に書き換える．

	A	B	C	D	E	F	G	H	I	J
1			入試試験成績採点集計表							
2										
3	受験番号	英語	国語	数学	理科	社会	合計点		各班採点のコピー	
4										

❏ コード例と説明

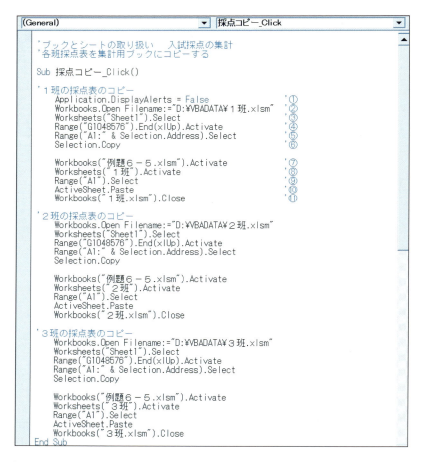

① 削除やコピーの際の確認メッセージを表示しないよう，設定している．
② 「1班」のブックを開く．
③ データは「Sheet1」に入力されているので，これを選択する．
④ 「1班」の採点表の一番右下のセルを取得する．
⑤ セル「A1」から④で取得したセルまでを範囲指定する．
⑥ ⑤で指定した範囲のデータをクリップボードにコピーする．

➡ ②では，ドライブ名とフォルダー名の指定を忘れないようにする．

⑦集計表のあるブック（例題6-5.xlsm）をアクティブにする．
⑧シート「1班」をアクティブにする．
⑨コピー先の左上端のセル「A1」を選択する．
⑩クリップボードから「1班」のデータを貼り付ける．
⑪「1班」のブックを閉じる．

「2班」「3班」のブックのデータも同様にして，「集計」ファイルのシートにコピーするためのコードを記述する．

❏ **ブックを閉じる**　　ブックを閉じるときはCloseメソッドを使う．

```
Workbooks.Close Filename:="ファイル名"
```

または

```
Workbooks("ファイル名").Close
```

ブックに何らかの変更がなされていると，ブックを閉じるときに，保存するかどうかの確認メッセージが表示される．

➡ なお，Excelのワークシートの最大行数は1048576行である．

❏ **セル範囲の指定**　　Excelのデータ表では，データの追加や削除が行われた結果，現在のデータ表が何行あるのかわからない場合も多い．この場合のセル範囲の指定は，Endプロパティを使う．

Excelワークシートでは，キーボードから[Ctrl]キーと[↑][↓][←][→]の矢印キーを使って，連続したデータの最終位置を選択することができる．これをマクロ上で実現するために使用するのがEndプロパティである．Endプロパティではジャンプの方向を引数で指定する．

　　[Ctrl] + [↓]キー　　**End(xlDown)**
　　[Ctrl] + [→]キー　　**End(xlToRight)**
　　[Ctrl] + [↑]キー　　**End(xlUp)**
　　[Ctrl] + [←]キー　　**End(xlToLeft)**

例題6-5では，次のようにしてデータ表の範囲を選択している．

例
```
Range("G1048576").End(xlUp).Activate
Range("A1:" & Selection.Adress).Select
```

Range("G1048576")はG列の最下行のセルを表しており，これにEnd(xlUp)を指定することでG列のデータが存在する一番下のセルにジャンプしている．

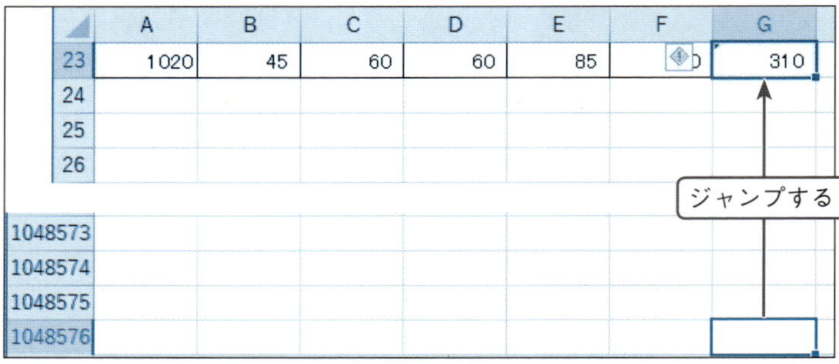

2行目の「"A1:" & Selection.Adress」は，「A1」から「Selection.Adress（G列のデータの最終位置）」までのセル範囲を表す．

以上により，[**各班採点のコピー**]ボタンをクリックすると，各ブックの採点表が集計表のブックにコピーされるようになった．

② 複数シートのデータの集計

「集計表」ファイルの「1班」「2班」「3班」のシートにコピーされたデータを，「集計」シートに統合する．

❏ 準備

手 順

❶「集計表」ファイルを開いておく．
❷[**開発**] タブ→[**挿入**] →[**ボタン（フォームコントロール）**] をクリックし，コマンドボタンをシートに貼り付ける．
❸「マクロの登録」ダイアログボックスが表示されるので，[**新規作成**]をクリックして，追加したボタンに対するコードウィンドウを表示する．
❹該当箇所に，次ページのコードを記述する．
❺ワークシートに戻って，ボタン表示を「集計表の作成」に書き換える．

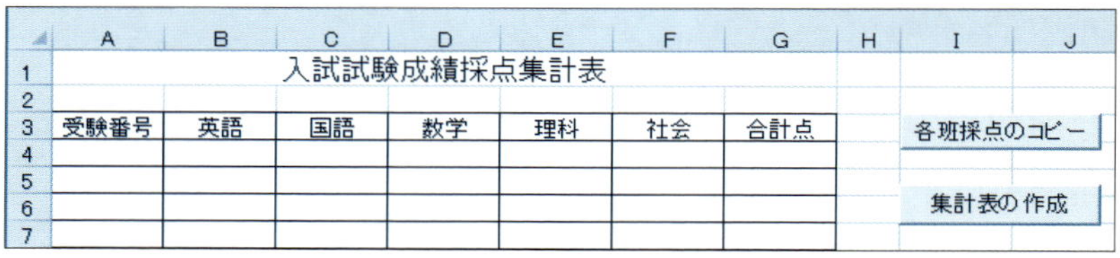

6・3 複数のブックやシートを１つにまとめる 93

❏ コード例と説明

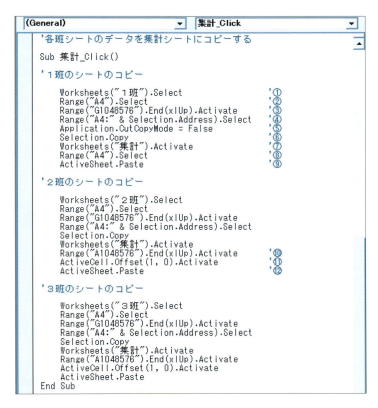

① シート「1班」を選択する．

② セル「A4」を選択する．このとき，先ほど1班ブックからコピーされた
データが選択状態になっており，このままコピーすると，表の見出し
までが集計シートにコピーされるので，これを解除するために，この処理
を行っている．

③，④ コピーする範囲を選択する．

⑤ コピーする範囲を指定すると，コピーした後もこの範囲が破線で囲まれ
たままになっているので，この状態を解除する．

⑥ ④で指定した範囲のデータをクリップボードにコピーする．

⑦ シート「集計」をアクティブにする．

⑧ コピー先の左上端のセル「A4」を選択する．

⑨ クリップボードから「1班」のデータを貼り付ける．

⑩，⑪ 「2班」のデータを貼り付ける位置を指定する．

⑫ クリップボードから「2班」のデータを貼り付ける．

➡ Excelのシート内でク
リックすると，選択範囲
が解除されるが，②はこ
の操作に相当する．

➡ ⑤の状態をカットコピ
ーモードという．

❏ **貼り付け位置の指定**　「2班」のデータは「1班」のデータの後に貼り付ける．これは次のようにして行う．

例
```
Range("A1048576").End(xlUp).Activate   '⑩
ActiveCell.Offset(1, 0).Activate       '⑪
```

⑩のステートメントでは，A列のデータの最終位置，すなわち「1班」の受験番号の最後のセルが選択される．「2班」のデータはその1つ下のセルから貼り付けるので，⑪のOffsetプロパティで，その位置を指定している．

これで，[**集計表の作成**]ボタンをクリックすると，各シートの採点表が「集計」シートにコピーされるようになった．

演習問題

1．次の成績一覧表を使って，(1)〜(3)の処理を行うマクロを作成しなさい．
　　(1) 1学期から3学期までのシートを追加する．
　　(2) 成績一覧表をコピーする．
　　(3) 追加したシートを削除する．

2．USBメモリに3つの自動車営業所の「販売成績一覧表」が，ブック名「東京」「大阪」「名古屋」で保存されています．次の処理を行うマクロを作成しなさい．
　　(1) 3つのブックを開く．
　　(2)「東京」をアクティブにする．
　　(3) 図形ボタンをクリックするとマクロが実行されるようにする．

3．新しいブックを作成し，それを「会員名簿」というブック名で保存するマクロを作成しなさい．なお，このマクロは図形ボタンをクリックすると実行されるものとします．

4. USBメモリに保存されている「人口と面積の表」を開き,パス名,ブック名を次のようにワークシート上に表示するマクロを作成しなさい.なお,このマクロは図形ボタンをクリックすると実行されるものとします.

	A	B	C	D	E	F	G	H
1		ブロック別面積・面積の割合・人口・人口の割合・人口密度						人口と面積の表.xlsm
2								F:¥
3	ブロック名	面積		人口		人口密度		F:¥人口と面積の表.xlsm
4		面積(km²)	割合(%)	人口(千人)	割合(%)			
5	北海道	83,520	22.3%	5,460	4.3%	6.54		
6	東北	66,360	17.7%	9,155	7.2%	13.80		
7	関東	32,383	8.6%	42,631	33.4%	131.65		
8	北陸甲信越	42,140	11.2%	8,375	6.6%	19.87		
9	中部	28,837	7.7%	15,063	11.8%	52.23		
10	近畿	27,296	7.3%	20,845	16.3%	76.37		
11	中国	31,788	8.5%	7,494	5.9%	23.57		
12	四国	18,808	5.0%	3,933	3.1%	20.91		
13	九州	43,688	11.7%	14,553	11.4%	33.31		
14	合計	374,820	100.0%	127,509	100.0%	34.02		

5. X自動車販売のA,B,C 3つの営業所の各セールスマンの販売成績表がそれぞれ別のブックに記録されています.次の処理を行うマクロを作成しなさい.

   (1) A〜C営業所のファイルのデータを,集計表ファイルのA〜C営業所シートにコピーする.
   (2) A〜C営業所シートのデータを,次のように集計表シートにまとめる.

	A	B	C	D	E	F	G	H	I	J	K
1					販売成績一覧表					販売成績コピー	
2										集計表の作成	
3	社員番号	氏名	1月	2月	3月	4月	5月	6月	合計		
4	1001	永井 誠	5	6	7	10	7	5	40		
5	1002	石原 太郎	2	3	8	9	10	9	41		
6	1003	青柳 伸一	8	8	9	4	11	5	45		
7	1004	長峰 靖彦	9	5	8	3	7	10	42		
8	1005	長島 百合	11	9	12	8	8	15	63		
9	1006	石川 太一	10	5	8	10	9	9	51		
10	1007	麻生 由貴	8	6	12	9	10	14	59		

第7章 知っていると便利な機能

これまでVBAの基本的な機能を使ったマクロの作成方法を学んできたが，VBAにはこの他にも様々な機能がある．この章では，知っていると便利な各種の機能についてを学ぶ．

7・1 ワークシートの印刷

ここでは，VBAからワークシートを印刷する方法とInputBox関数の使い方を学ぶ．

➡ 出力画面は，拡大してある．

例題 7-1 入試採点の印刷

ファイル「例題7-1」に次のような入試試験成績採点集計表が含まれている．

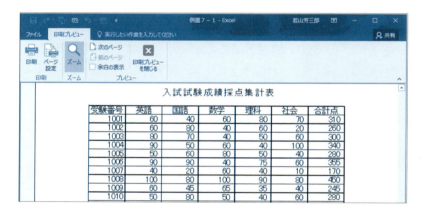

これについて次の処理を行うマクロを作成しなさい．
(1) InputBox関数で下記のダイアログボックスを表示し，ユーザーからの班名（1～3の半角数字）の入力を受け取り，その班のデータを印刷プレビュー画面に表示する．1～3の半角数字以外が入力されたときは，この処理を終わる．
(2) 集計シートのデータを印刷プレビューで画面に表示する．
(3) 印刷プレビューでなく，実際に印刷できるようにマクロを変更する．

1 シートの印刷

❏ 印刷ボタンの貼り付け

手 順

❶「例題7-1」を開き,「集計」シートを表示する.
❷[開発]タブ→[挿入]→[ボタン(フォームコントロール)]□を選択した後,ワークシート上をクリックしてコマンドボタンを貼り付ける.
❸「マクロの登録」ダイアログボックスで,[キャンセル]をクリックする.
❹ボタン表示を「各班採点の印刷」に変更し,位置,フォントなどを必要に応じて調整する.
❺同様にしてボタン「集計印刷」を作成する.

➡ ここでは,VBEでマクロを作成した後で,このボタンにマクロを登録する.

➡ ボタンを右クリックして[コントロールの書式設定]を選択すると,ボタン表示の書式などが変更できる.

	A	B	C	D	E	F	G	H	I	J
1				入試試験成績採点集計表						
2										
3	受験番号	英語	国語	数学	理科	社会	合計点			
4	1001	60	40	60	80	70	310		各班採点の印刷	
5	1002	60	80	40	60	20	260			
6	1003	80	70	40	50	60	300		集計印刷	
7	1004	90	50	60	40	100	340			
8	1005	50	60	80	50	40	280			

❏ コード例と説明

VBEを起動し,プロジェクトエクスプローラーから標準モジュールの「Module1」を選択して,次の「各班印刷_Click」プロシージャを記述する.

```
'各班の採点結果の印刷

Sub 各班印刷_Click()
    Dim n As Integer
    Do                                                          '①
        n = InputBox("班名を 1 2 3 の数字で入力してください")   '②
        If n = 1 Then                                           '③
            Sheets("1班").Select                                '④
        ElseIf n = 2 Then
            Sheets("2班").Select
        ElseIf n = 3 Then
            Sheets("3班").Select
        Else
            Exit Do
        End If                                                  '⑤
        ActiveSheet.PrintPreview                                '⑥
    Loop                                                        '⑦
    Sheets("集計").Select                                       '⑧
End Sub
```

①繰り返しループの始まり.②〜⑥の処理を繰り返す.
②InputBox関数を使ってダイアログを表示し,シートを選択するための番号を取得する.
③,④ nが1のときは,シート「1班」をアクティブにする.
⑤nが1,2,3以外のときは,繰り返しループを抜ける.
⑥アクティブシートを印刷プレビューで表示する.
⑦繰り返し範囲の終わり.
⑧アクティブシートをシート「集計」に戻す.

➡ nの値は半角で入力する.

➡ ⑥において印刷プレビューで動作を確認したらPrintPreview→PrintOutと修正し印刷する.

❏ **コマンドボタンへのマクロ登録**　［各班採点の印刷］ボタンに，マクロを登録する．

❶ ワークシート上の［各班採点の印刷］ボタンを右クリックして，メニューから［マクロの登録］を選択する．

❷ 表示された「マクロの登録」ダイアログボックスで，［マクロ名］として，先ほど作成した「各班印刷_Click」を選択して［OK］をクリックする．

❏ **マクロの実行**　このマクロを実行する方法は次のとおり．

❶ ［各班採点の印刷］ボタンをクリックすると，次のダイアログボックスが表示される．

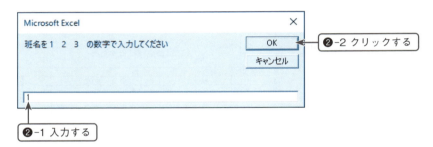

➡ ❷では，［OK］をクリックする代わりに Enter キーを押してもよい

❷ 「1」を入力し（1班のシートの印刷のとき），［OK］をクリックすると，印刷プレビューが表示される．

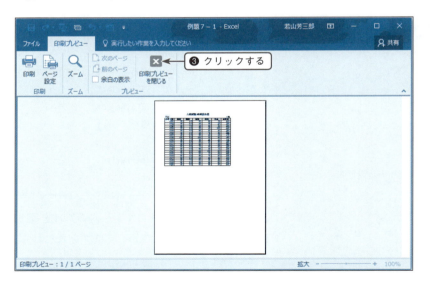

❸ ［印刷プレビューを閉じる］をクリックすると元の集計シートに戻る．

次に，「各班印刷_Click」プロシージャで登場した関数・メソッドについて説明していく．

❏ **InputBox関数**　ダイアログボックスを表示して，ユーザーが入力したデータを受け取るための関数である．使用方法は次のとおり．

```
InputBox("文字列")
```

　文字列には，ダイアログボックスに表示するメッセージを指定する．ダイアログボックスに入力された内容はこの関数の戻り値として返される．

例
```
n = InputBox("班名を 1 2 3 の数字で入力しなさい")
```

　このステートメントによって表示されたダイアログボックスにユーザーが値を入力して［OK］をクリックすると，その内容が変数nに代入されて，処理が次に進む．

❏ **PrintPreviewメソッド**　シートやセル範囲などのオブジェクトの内容を，印刷プレビューで表示するステートメントである．

```
オブジェクト.PrintPreview
```

例
```
ActiveSheet.PrintPreview  ……………アクティブシートの内容を表示する
```

❏ **PrintOutメソッド**　シートやセル範囲などのオブジェクトの内容を，実際に印刷するためのステートメントである．

```
オブジェクト.PrintOut
```

例
```
ActiveSheet.PrintOut  …………アクティブシートの内容を印刷する
```

　印刷用紙を節約するためにも，マクロ作成中は`PrintPreview`で動作をテストし，完成後に該当箇所を`PrintOut`に書き換えるのが望ましい．

② 集計シートの印刷

❏ **コード例**　次に，［**集計印刷**］ボタンに登録する動作を記述する．VBE上でプロジェクトエクスプローラーから標準モジュールの「Module3」を選択して，次の「**集計印刷_Click**」プロシージャを記述する．

③ ページ設定と印刷設定

シートの印刷の前に，印刷用紙，余白，ヘッダー／フッターなど各種の設定を行う必要がある．これらは，ページ設定のオブジェクト`PageSetup`の各プロパティを変更すると設定できる．

```
オブジェクト.PageSetup.設定項目
```

例えば，見出し印刷の設定は次のように行う．

例
```
ActiveSheet.PageSetup.PrintTitleRows = "$1:$3"
                        ………2ページ以降にも1～3行の見出しを印刷する
```

以下に，`PageSetup`オブジェクトの主なプロパティを示す．

❏ 見出しの印刷

表7・1　見出し印刷のプロパティ

プロパティ	説明
`PrintTitleRows = 設定値`	見出し行を指定する．設定値"$2:$3"で2～3行を印刷する
`PrintTitleColums = 設定値`	見出し列を指定する．設定値"$A:$B"でA～B列を印刷する

❏ 印刷用紙の設定

表7・2　印刷用紙の設定

プロパティ	説明
`Orientation = 設定値`	印刷用紙の向きを設定する．設定値`xlLandscape`で横向き，`xlPortrait`で縦向き
`Zoom = 設定値`	印刷の倍率を10～400（単位は％）で指定する

❏ 余白の設定

表7・3　余白の設定

プロパティ	説明
`TopMargin = 設定値`	上の余白を数値で指定する（単位はポイント）
`BottomMargin = 設定値`	下の余白を数値で指定する（単位はポイント）
`LeftMargin = 設定値`	左の余白を数値で指定する（単位はポイント）
`RightMargin = 設定値`	右の余白を数値で指定する（単位はポイント）

❏ ヘッダー／フッターの設定

表7・4　ヘッダー／フッターの設定

プロパティ	説明
`CenterHeader = "書式コード"`	ヘッダー領域の中央にヘッダーを指定する
`CenterFooter = "書式コード"`	フッター領域の中央にフッターを指定する
`LeftHeader = "書式コード"`	ヘッダー領域の左にヘッダーを指定する
`LeftFooter = "書式コード"`	フッター領域の左にフッターを指定する
`RightHeader = "書式コード"`	ヘッダー領域の右にヘッダーを指定する
`RightFooter = "書式コード"`	フッター領域の右にフッターを指定する

　ヘッダーやフッターには，日付，時刻，ページ数などを**書式コード**と呼ばれる形式で指定する．次に主な書式コードを示す．

表7・5　ヘッダー／フッターの書式コード

書式コード	意味	書式コード	意味	書式コード	意味
&D	日付	&F	ブック名	&P	ページ番号
&T	時刻	&A	シート名	&N	総ページ数

❏ 印刷の設定

実際に印刷を行う`PrintOut`メソッドには，引数として印刷するページや枚数を指定することができる．

表7・6　印刷の設定

プロパティ	機能
`From:= 設定値`	印刷する最初のページ番号
`To:= 設定値`	印刷する最後のページ番号
`Copies:= 設定値`	印刷する枚数

> **例**
> ```
> ActiveSheet.PrintOut From:= 1, To:= 5, Copies:=2
> ```
> 　　　　　　　　　　　1ページから5ページまで2部ずつ印刷する

7・2 関数の利用

　Excelのワークシートのセル内では各種の関数を使用できるが，VBAではこれらを含めた数式もセルの値として扱うことができる．関数の意味や引数の指定方法などは，VBAから入力する場合でも特に変わらない．この節では，VBAを使って，これらの関数をセル内に設定する例を示す．

① 合計・平均・順位を求める　SUM・AVERAGE・RANK関数

例題 7-2　販売台数の集計

　A自動車販売のB支店の8人の販売員の社員番号，氏名および上半期（4〜9月）の販売台数の表がある．[集計]ボタンをクリックすると，次のように，販売員の合計台数，平均台数および販売台数の順位を求めるマクロを作成しなさい．

処理結果

	A	B	C	D	E	F	G	H	I	J	K	L
1				** 上半期の販売成績表 **								
2												
3	社員番号	氏名	販売台数								順位	集計
4			4月	5月	6月	7月	8月	9月	合計	平均		
5	1001	中島　滋	5	8	5	8	5	8	39	6.5	7	
6	1002	内藤　文紀	7	5	14	8	6	5	45	7.5	4	
7	1003	山田　孝夫	6	3	8	6	10	9	42	7.0	5	
8	1004	鈴木　浩一	2	7	2	7	4	5	27	4.5	8	
9	1005	須田　健一	8	8	6	8	5	7	42	7.0	5	
10	1006	長島　恭子	15	6	11	11	7	11	61	10.2	1	
11	1007	伊藤　有紀	10	5	11	9	13	9	57	9.5	2	
12	1008	井川　進	14	8	7	7	7	9	52	8.7	3	

□準備

❶ Excelを起動し，ワークシートに上半期の販売成績表を作成しておく．

❷ [開発]タブ→[挿入]→[ボタン（フォームコントロール）] を選択した後，シート上でクリックしてボタンをシートに貼り付ける．

❸ 「マクロの登録」ダイアログボックスが表示されるので，[新規作成]をクリックして，ボタンに対するコードウィンドウを表示する．

❹ 該当箇所に，次ページのコードを追加する．

❺ ワークシートに戻って，ボタン表示を「集計」に書き換える．

➡ ❶では，合計・平均・順位のセルは空白のままにしておく．

❏ コード例

❏ 合計の算出　　Excelでは，合計は，SUM関数を使って算出する．

コード内では，次の行でそれぞれの販売員の合計販売台数を算出している．

> 例
> ```
> Range("I5:I12").Value = "=SUM(RC[-6]:RC[-1])"
> ```

このステートメントを実行すると

```
Range("I5").Value = "=SUM("C5:H5")"
Range("I6").Value = "=SUM("C6:H6")"
　　　　:
Range("I12").Value = "=SUM("C12:H12")"
```
の各ステートメントが順に処理される．

❏ R1C1形式　　「R1C1」形式は，「A1」などと同じようにセルを指定するための表記法の1つであり，各セルのワークシート内での絶対的な位置だけでなく，現在のセルからの相対的な位置を示すことができるのが特徴である．RはRow（行：セルの縦方向の移動），CはColumn（列：セルの横方向の移動）を意味しており，相対的な位置を示すときはこれらに [ ] 付きの数字を付与して表現する．例えば「RC[-6]」は，現在のセル位置から左に6列先のセルを表す．次に，現在のセル位置を「E5」としたときの記述例を示す．

表7・7　RC表記によるセル参照

記述例	意味	セル	記述例	意味	セル
R[2]C	下に2行	E7	R[1]C[2]	下に1行右に2列	G6
RC[3]	右に3列	H5	R[-2]C[3]	上に2行右に3列	H3
R[-3]C	上に3行	E2	R[-2]C[-3]	上に2行左に3列	B3
RC[-2]	左に2列	C5	R5C2	5行2列目のセル	B5

❏ **平均の算出**　Excelでは，平均値を算出するには，AVERAGE関数を使う．

```
Range("J5:J12").Value = "=AVERAGE(RC[-7]:RC[-2])"
```

このようにすると，セル範囲「J5:J12」の各セルに，左に7列先のセルから左に2列先のセルまでの範囲の平均が表示されるようになる．

これによって，それぞれの販売員の平均売上台数が求められる．

❏ **表示形式の設定**　Excelでは，［**ホーム**］タブの［**数値**］グループのボタンなどによって，セル内の値の表示形式を設定できるが，同様のことはVBA上から行うことも可能である．セルの表示形式の設定は，`Range`オブジェクトの`NumberFormatLocal`プロパティで行う．

```
Range("J5:J12").NumberFormatLocal = "##.0"
```

この例において，「##」は桁数，「.」は小数点，「0」は小数点以下の桁数と小数点以下が0のときには0を表示することを示している．また，指定する値を「¥##,###,###」に変えると，数字の頭に「¥」を付け，3桁ごとに「,」を入れて表示することを示す．

❏ **順位の算出**　合計点の大きい順に順位を付けるには，RANK関数を使う．

```
=RANK(数値，範囲，順序)
```

数値	順位を求める数値，または数値が入っているセル
範囲	順位を調べる範囲
順序	昇順か降順かの指定（0のときは降順，1のときは昇順）

例
```
Range("K5:K12").Value = "=RANK(RC[-2], R5C9:R12C9)"
```

この例では，順位を求めるセルはK列から2列左のセルの数値，範囲は「I5:I12」である．順序は省略されており，このときは降順（大→小）になる．

② 表の検索　VLOOKUP関数

Excelには，データ表から必要なデータを検索するVLOOKUP関数が用意されている．

7・2 関数の利用　105

例題 7-3　小包料金の計算

小包のサイズ，個数，あて先（市内，近距離，中距離，遠距離）を次のようなユーザーフォーム上で入力させて，小包の送料を計算するマクロを作成しなさい．

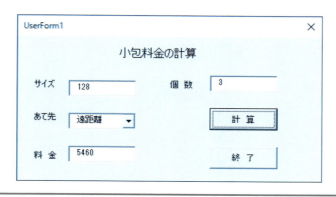

❏ **準備**　Excel上で新しいファイルを開いて，次のような小包料金表と送料の計算表を作成しておく．

	A	B	C	D	E	F	G	H
1		小包料金表					計算表	
2								
3	サイズ	市内	近距離	中距離	遠距離		サイズ	
4	1	710	860	1080	1180		宛先	
5	80	980	1080	1280	1380		個数	
6	100	1120	1280	1510	1620		料金単価	
7	120	1420	1380	1720	1820		料金	
8	140	1620	1720	1960	2010			
9	160	1820	1820	2050	2240		小包料金の計算	
10	180	0	0	0	0			

なお，この例でのサイズ1は1～79cm, 120は120～139cmの範囲を表すものとする．

次に，[**開発**] タブ→ [**挿入**] → [**コマンドボタン (ActiveX コントロール)**] ▣ を選択した後，シート上でクリックしてボタンを追加し，これをダブルクリックして表示したVBEのプロパティウィンドウの [**Caption**] 欄を「小包料金の計算」に変更しておく．

❏ **ユーザーフォームの作成**

手順

❶ VBEで，[**挿入**] → [**ユーザーフォーム(U)**] を選択して「UserForm1」を作成する．

❷ ラベルを5つ追加して，プロパティウィンドウにてそれぞれの [**Caption**] を「小包料金の計算」「サイズ」「あて先」「料金」「個数」に変更する．

❸ テキストボックス「ＴｅｘｔＢｏｘ１」（サイズ），「ＴｅｘｔＢｏｘ２」（個数），

「TextBox3」(料金)を追加する．
❹コンボボックス「ComboBox1」(あて先)を追加する
❺コマンドボタン「CommandButton1」(計算)，「CommandButton2」
(終了)を追加して，プロパティウィンドウにてそれぞれ[**Caption**]を
「計算」「終了」に変更する．
❻各コントロールのフォント，位置などを調整して次のようなフォームを
完成させる．

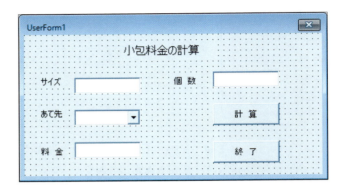

次に，それぞれのコントロールにVBAコードを指定していく．

❏ [**小包料金の計算**]ボタンのコード　　ワークシートに戻り，[**開発**]タブ
→[**デザインモード**]をクリックしてから，[**小包料金の計算**]ボタンをダ
ブルクリックして，表示されたVBEコードウィンドウで次のコードを記述
する．

❏ [**計算**] ボタンのコード　　VBEのプロジェクトエクスプローラーで
[**UserForm1**]をダブルクリックして，先ほど作成したユーザーフォームを
表示し，[**計算**]ボタンをダブルクリックし，表示されたVBEコードウィン
ドウで次のコードを記述する．

7・2 関数の利用

→「GoTo Owari:」は下から2行目のラベル「Owari:」に強制的にジャンプするステートメントである．GoToステートメントについては，できるだけ使用を避けたほうがよいという意見も存在するが，ここではマクロをわかりやすくするために敢えて使用した．

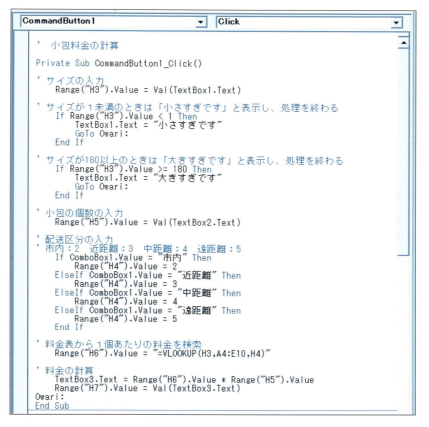

❏ **[終了] ボタンのコード**　先ほど同様，ユーザーフォーム上の [終了] ボタンをダブルクリックして，表示されたVBEコードウィンドウで次のコードを記述する．

```
Private Sub CommandButton2_Click()
' ユーザーフォームを終了する
    Unload Me
End Sub
```

❏ **コンボボックスの初期化コード**　上記の [計算] ボタン，[終了] ボタンのコードを記述したウィンドウにおいて，左上のドロップダウンリストで「UserForm」，右上のドロップダウンリストで「Initialize」を選択すると「`Private Sub UserForm_Initialize()`」というプロシージャ定義が挿入されるので，この中にコンボボックスの項目を指定する次のコードを記述する．

```
Private Sub UserForm_Initialize()
'　コンボボックスの項目の記述
    ComboBox1.AddItem "市内"
    ComboBox1.AddItem "近距離"
    ComboBox1.AddItem "中距離"
    ComboBox1.AddItem "遠距離"
End Sub
```

❑**サイズ入力のエラー処理**　　この料金表にはサイズが1～179cmまでの料金しかないので，1未満または180以上の数値が入力されたときに，計算処理をスキップさせたい．

　サイズ0のときは，「TextBox1」（サイズの入力欄）に「小さすぎです」のメッセージを表示し，処理を終わらせるために行ラベルOwariにジャンプする．

　同様にして，サイズが180以上のときには，「TextBox1」に「大きすぎです」のメッセージを表示し，処理を終わらせる．

❑**VLOOKUP関数**　　VLOOKUP関数を使用すると，データ表から必要なデータを検索することができる．

> VLOOKUP（検索値，範囲，列番号，検索の型）

検索値	検索に使う値．この値を元に検索が行われる
範囲	検索する表の範囲．検索に使用するデータ表の範囲を指定する（見出し部分は指定不要）
列番号	データ表の何列目の値を取り出すか
検索の型	検索値と完全に一致する値だけを検索するか，その近似値を含めて検索するかを指定する．省略した場合には一致する値だけを検索する

> 例　`Range("H6").Value = "=VLOOKUP(H3, A4:E10, H4)"`

➡ 例題のコードでは，セル「H4」にコンボボックスの値に応じた数値（「市内」：2，「近距離」：3，「中距離」：4，「遠距離」：5）を入れておき，これをVLOOKUP関数で使用している．

　例題のコードでは，検索値として「サイズ」が入ったセル「H3」を指定し，検索する表として見出し部分を除いた「料金表」のセル範囲「A4:E10」を指定している．さらに，データ表から取り出す列として，数値化された「あて先」セル「H4」を指定しているので，これによって「市内」なら料金表の2列目（B列），「近距離」なら3列目（C列），「中距離」なら4列目（D列），「長距離」なら5列目（E列）の値が取り出されるようになっている．

③ データベース関数の使い方　　DAVERAGE関数

　データベース関数は，多数のデータの中で指定された条件に適合するデータのみを対象として合計・平均・最大・最小などを求める関数である．

例題 7-4　選択平均

次のような身長・体重一覧表において，男女別の体重と身長の平均をデータベース統計関数により求めるマクロを作成しなさい．

	A	B	C	D
1	身長・体重一覧表			
2				
3	氏名	性別	身長	体重
4	安部 久夫	男	178.2	80.3
5	中島 和子	女	164.9	45.1
6	安藤 健二	男	164.4	59.8
7	石井 久	男	183.1	57.3
8	内藤 ふみ	女	158.2	57
9	若井 由美	女	149.5	42.1
10	鹿島 義則	男	159.7	76.6
11	高瀬 ひとみ	女	167.7	58.6
12	中田 純一	男	173.4	58.9
13	河合 典子	女	153.5	43.7
14	男子平均		171.8	66.6
15	女子平均		158.8	49.3

❑ 準備

❶ 新しいExcelファイルを開き，下図を参照して，「身長・体重一覧表」を入力する．

❷ セル範囲「F2:G4」に，「検索条件」表を入力する．

❸ ［開発］タブ→［挿入］→［ボタン（フォームコントロール）］を選択してから，シート上でクリックしてボタンを追加し，シートに貼り付ける．

❹ 該当箇所に次ページのコードを記述する．

❺ ワークシートに戻って，ボタン表示を「男女別の平均」に書き換える．

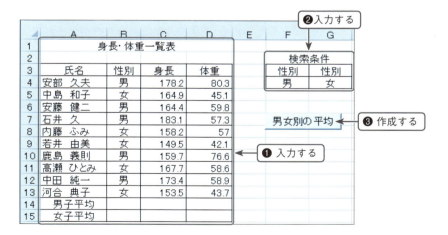

❏ **コード例**　［男女別の平均］ボタンがクリックされたときに実行するコードを記述する．

❏ **DAVERAGE関数**　多数のデータの中から，指定された条件に適合するデータのみを対象として平均を計算する関数である．

DAVERAGE（データベース，フィールド，検索条件）

データベース	データベースの範囲
フィールド	計算に使用するデータ列
検索条件	検索条件の入ったセル範囲

例題では，次のコードで男性の身長の平均を求めている．

例
```
Range("C14").Value = "=DAVERAGE(R3C2:R13C4, R3C3, R3C6:R4C6)"
```

このコードでは，データベースとしてセル範囲「R3C2:R13C4」(B3:D13)，フィールドとして身長の列にあるセル「R3C3」(C3)，検索条件として「性別：男」という組み合わせが含まれるセル範囲「R3C6:R4C6」(F3:F4)を指定している．

7・3　データベース

　大量のデータを蓄積し整理して，必要に応じたデータの並べ替え，検索，抽出などの処理をコンピュータで行いやすい形にしたものをデータベースという．データベースにおいて一連の関連あるデータの集合，例えば1人分のデータを**レコード**という．

　レコードの並べ替え，条件に適合するレコードの抽出などのExcelの処理は，VBAを使って行うこともできる．

例題 7-5　データベース

ファイル「ゴルフ部員名簿」を作成し，VBAで次のような処理を行うマクロを作成しなさい．

(1) 性別の昇順，性別が同じときは経験年数の降順に並べ替える．
(2) オートフィルターにより，女性で経験年数5年以上の部員を抽出する．
(3) フィルターオプションにより，男性で理工学部の部員を抽出する．

なおこれらの処理は，コマンドボタンに登録し，クリックすると実行されるものとする．

手順

❏ 準備

❶ 新しいExcelファイルを開いて，ゴルフ部員名簿を入力する．
❷ [開発]タブ→[挿入]→[コマンドボタン (ActiveXコントロール)]を使って，ワークシート上にコマンドボタンを3つ追加し，それぞれの[Caption]プロパティを「並べ替え」「オートフィルターによる抽出」「フィルターオプションによる抽出」に変更する．

	A	B	C	D	E	F	G	H
1	並べ替え		オートフィルターによる抽出			フィルターオプションによる抽出		
				ゴルフ部員名簿				
2								
3	部員番号	氏名	学部	学科	学年	性別	経験年数	電話番号
4	1101	加藤 一	理工	情報科学	4	男	8	03-3456-0000
5	1102	佐々木 文彦	理工	建築工学	4	男	6	03-3899-0000
6	1103	木下 宏	文	国文学	4	男	7	03-3811-0000
7	1104	青木 操	文	英文学	3	女	5	03-3918-0000
8	1105	江崎 由貴	文	英文学	3	女	2	03-3664-0000
37	部員番号	氏名	学部	学科	学年	性別	経験年数	電話番号
38			理工			男		
42	部員番号	氏名	学部	学科	学年	性別	経験年数	電話番号
43	1101	加藤 一	理工	情報科学	4	男	8	03-3456-0000
44	1102	佐々木 文彦	理工	建築工学	4	男	6	03-3899-0000
45	1118	大橋 勝	理工	電気工学	4	男	5	03-3395-0000
46	1121	内藤 たかし	理工	機械工学	2	男	8	0426-35-0000

① 並べ替え

Excelワークシート上で[データ]タブ→[並べ替え]ボタンを使用すると，指定した基準に従ってデータを並べ替えることができるが，これをVBAから行うときはSortメソッドを使用する．

❏コード例

❏Sortメソッド　Sortメソッドでは，Key1，Key2，Key3までの最大3つのキーを並べ替え基準にできる．並べ替えの順序については，それぞれのキーについて昇順（xlAscending）または降順（xlDescending）をOrder1，Order2，Order3として指定する．

例
```
ActiveCell.Sort Key1:=Range("F4"), Order1:=xlAscending, _
Key2:=Range("G4"), Order2:=xlDescending, Header:=xlGuess
```

➡ キー1はF列であればどのセルでもよい．

➡ Header:=にxlYesを指定すると，1行目がタイトル行として扱われるため，並べ替え対象から外れる．xlNoを指定すると1行目も並べ替え対象となる．

この例題のコードでは，ActiveCell.Sortとしているため現在アクティブになっているセル範囲が並べ替えの対象となる．

引数では，Key1:=Range("F4")で並べ替えの第1基準キーを「F4」（性別），Order1:=xlAscendingで順序を昇順としており，続くKey2:=Range("G4")で第2基準キーを「G4」（経験年数），Order2:=xlDescendingで順序を降順に指定している．

最後の引数Header:=xlGuessは，リストの1行目をタイトル行として扱うかどうかをExcelに判断させることを示している．

2　オートフィルターによる抽出

Excelワークシート上で，［データ］タブ→［フィルター］ボタンを使用すると，レコードの抽出を行うオートフィルター機能が有効になる．これをVBAから行うときは，AutoFilterメソッドを使用する．

❏コード例

```
Private Sub CommandButton2_Click()
'オートフィルターによりレコードを抽出する

    Selection.AutoFilter Field:=6, Criteria1:="女"
    Selection.AutoFilter Field:=7, Criteria1:=">=5"
End Sub
```

❏ **AutoFilterメソッド**　例題では，次のようにAutoFilterメソッドを使用している．

例
```
Selection.AutoFilter Field:=6, Criteria1:="女"
```

ここでは，Selection.AutoFilterによって選択範囲のオートフィルター機能を有効にしており，引数として「Field:=6, Criteria1:="女"」とすることで，抽出条件（6列目が女）を指定している．

③ フィルターオプションによる抽出

Excelのワークシート上で[データ]タブの[並べ替えとフィルター]グループの[詳細設定]を選択すると，条件としてセル範囲を利用するより細かいデータの抽出（フィルターオプション機能）が可能になるが，VBAでこの機能を利用するにはAdvancedFilterメソッドを使用する．

❏ **コード例**

```
Private Sub CommandButton3_Click()
'フィルターオプションによりレコードを抽出する

    'オートフィルターを解除する
    ActiveSheet.AutoFilterMode = False

    'フィルターオプションを設定する
    Range("A3:H33").AdvancedFilter Action:=xlFilterCopy, _
    CriteriaRange:=Range("A37:H38"), CopyToRange:=Range("A42:H42")
End Sub
```

❏ **AdvancedFilterメソッド**　例題では，次のようにAdvancedFilterメソッドを使用している．

例
```
Range("A3:H33").AdvancedFilter Action:= xlFilterCopy, _
CriteriaRange:=Range("A37:H38"), CopyToRange:= Range("A42:H42")
```

Range("A3:H33").AdvancedFilterによって，セル範囲「A3:H33」をオートフィルターによるデータ抽出の対象範囲に指定している．

引数では，Action:=xlFilterCopyで抽出したデータを元の場所と違う場所にコピーして表示することを，CriteriaRange:=Range("A37:H38")で抽出条件とするセル範囲を，CopyToRange:=Range("A42:H42")で抽出したレコードのコピー先を指定している．

➡ ActionでxlFilterCopyの代わりにxlFilterInPlaceを指定すると，元々のデータ表の範囲内で抽出が行われる．

7・4 グラフの作成

折れ線グラフ，レーダーチャートなど各種のグラフもVBAで作成することができる．

例題 7-6　グラフの作成

Excelブックの「Sheet1」に次のような成績一覧表がある．

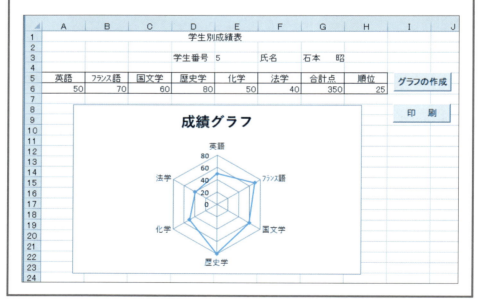

これを元にして，「Sheet2」に次の学生別成績表とレーダーチャートを作成し，印刷プレビュー画面を表示するマクロを作成しなさい．なお，「Sheet2」の学生番号欄「E3」に学生番号を入力すると，その学生の氏名，成績表，レーダーチャートが表示されるものとする．

1 学生別成績表の作成

「Sheet2」に次のような表を作成する.

	A	B	C	D	E	F	G	H
1	学生別成績表							
2								
3				学生番号		氏名		
4								
5	英語	フランス語	国文学	歴史学	化学	法学	合計点	順位
6								

今回は，VLOOKUP関数を使って，学生番号欄「E3」に学生番号を入力すると，「Sheet1」の成績一覧表から該当する学生の氏名と各教科の得点を取得して，対応するセルに自動で値が入るようにしたい．例えば，「氏名」のセル「G3」に入れる数式は次のようになる．

=VLOOKUP($E$3,Sheet1!$A$4:$B$43,2)

また，「英語」のセル「A6」に入れる数式は次のようになる．

=VLOOKUP($E$3,Sheet1!$A$4:$J$43,3)

同様にして，各科目の得点，合計点および順位のデータを「Sheet1」から取得する．

2 グラフの作成

□準備

手順

❶Excelワークシート上で[**開発**]タブ→[**挿入**]→[**コマンドボタン(ActiveXコントロール)**] □ を選択してからシート上をクリックして，コマンドボタンを追加する．

❷作成したボタンをダブルクリックしてVBEを表示し，プロパティウィンドウの[**Caption**]を「グラフ作成」に変更する．

❸コードウィンドウのCommandButton1_Click()プロシージャ定義の中に，次のコードを入力する．

❑ コード例

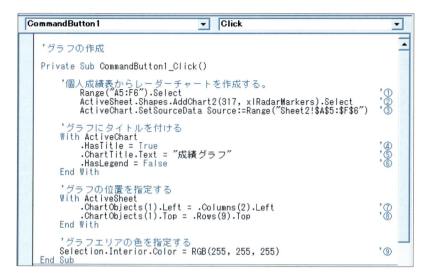

❑ **グラフの作成**　グラフの作成には，`Shapes.Addchart2`メソッドを使用する．

①グラフを作成するデータの範囲「A5:F6」を選択する．

②作成するグラフの種類レーダーチャート（`xlRadarMarkers`）を選択する．

③Sheet2の「A5:F6」をソースデータとしてグラフを作成する．

表7・8　主なグラフの種類と定数

グラフの種類	定数	グラフの種類	定数
集合縦棒	xlColumnClustered	折れ線	xlLine
3-D集合縦棒	xl3DColumnClustered	積み上げ折れ線	xlLineStacked
積み上げ縦棒	xlColumnStacked	円	xlPie
集合横棒	xlBarClustered	3-D円	xl3DPie
面	xlArea	マーカー付きレーダー	xlRadarMarkers

❑ **グラフのタイトル**　次に，先ほど作成したグラフ（`ActiveChart`）のプロパティを設定して，グラフのタイトルを調整する．

④`HasTitle`プロパティには，タイトルの有無を指定する．`True`はタイトルあり，`False`はタイトルなしを表す．

⑤`ChartTitle`プロパティで`ChartTitle`オブジェクトを取得し，得られたオブジェクトの`Text`プロパティに値を入れることで，タイトルの文字列を設定している．

⑥`HasLegend`プロパティには，凡例の有無を指定する．`True`で表示，`False`で非表示となる．

❏ **グラフ位置の指定**　最後に作成したグラフのシート上での位置を調整しておく．位置の指定は，Chartオブジェクトではなく，これを格納しているChartObjectオブジェクトに対して行う．ChartObjectオブジェクトは，シート内のChartObjectsコレクションに含まれているので，以下のコードではChartObject(1)を指定して，このシート内の1つ目のChartObjectを指定している．

➡ LeftプロパティやTopプロパティでは，「ChartObjects(1).Left = 40」のように位置をポイント数で指定することもできる．

⑦Leftプロパティに，シートの左からの位置を列数で指定している．
⑧Topプロパティに，シートの上からの位置を行数で指定している．
⑨グラフエリアの背景色を白に指定している．

③ 印刷

次に，作成したシートを印刷するマクロを記述して，[**印刷**]コマンドボタンから実行できるようにする．

❏ **準備**

❶Excelワークシートに画面を戻し，[**開発**]タグ→[**挿入**]→[**コマンドボタン（ActiveXコントロール）**]　　を選択してからシート上をクリックして，コマンドボタンを追加する．
❷作成したボタンをダブルクリックしてVBEを表示し，プロパティウィンドウの[**Caption**]を「印刷」に変更する．
❸コードウィンドウのCommandButton2_Click()プロシージャ定義の中に，次のコードを入力する．

❏ **コード例**

```
'個人成績表とグラフを印刷する
Private Sub CommandButton2_Click()

    '印刷範囲とヘッダーフッターの指定
    With ActiveSheet.PageSetup
        .PrintArea = "A1:H30"      '印刷範囲を「A1:I30」とする
        .CenterHeader = " "        '中央のヘッダーを空白にする
        .CenterFooter = " "        '中央のフッターを空白にする
        .CenterHorizontally = True
    End With

    '印刷する
    ActiveWindow.SelectedSheets.PrintPreview
End Sub
```

➡ コード例下から2行目において印刷プレビューで動作を確認したらPrintPreview→PrintOutと修正し印刷する．

7・5　クイックアクセスツールバーへのマクロの登録

各種のアプリケーションソフトでは，クイックアクセスツールバーが用意されており，そこに配置されたボタンを選択することにより，様々な操作が簡単にできるよう工夫されている．VBAで作成したマクロもツールバーに登録しておけば，ユーザーがマクロを簡単に実行できるようになる．

118　第7章　知っていると便利な機能

例題 7-7　クイックアクセスツールバーへのボタン登録

例題4-9の二重の繰り返しのマクロをボタンとしてクイックアクセスツールバーに登録し，そのボタンをクリックすることによりマクロを実行できるようにしなさい．

1　ボタンの登録

クイックアクセスツールバーにボタンを登録する．

手順

❶ファイル「例題4-9」を開き，ファイル名を「例題7-7」に変更して保存しなおす．

❷マクロコードを表示させ，「Sub 例題490」を「Sub 例題770」と修正する．

❸[クイックアクセスツールバーのユーザー設定]ボタン ▼ をクリックする．

❹メニューから，[その他のコマンド(M)]を選択する．

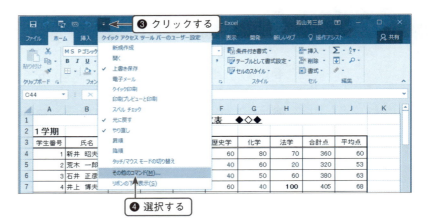

❺[コマンドの選択(C)]ドロップダウンリストのボタン ▼ をクリックする．

❻[マクロ]を選択する．

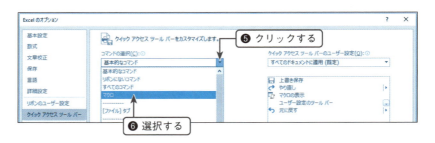

7・5 クイックアクセスツールバーへのマクロの登録

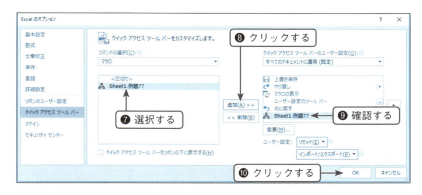

❼ リストボックスから「Sheet1.例題77」を選択する．
❽ ［**追加(A)>>**］をクリックする．
❾ ［**クイックアクセスツールバーのユーザー設定(Q)**］に「Sheet1.例題77」が追加されたことを確認する．
❿ ［**OK**］をクリックする．

ツールバーからのマクロの実行

Excelの画面に戻ると，クイックアクセスツールバーに登録したマクロのボタン  が表示されている．これをクリックすると登録したマクロが実行されることを確認しておく．

演習問題

1．次のような各地の月別降水量の表があります．年間降水量，月平均降水量，最大降水量，最小降水量を求めるマクロを作成しなさい．

	A	B	C	D	E	F	G	H	I
1			＊＊ 各地の月別降水量 ＊＊						
2									
3	月	東京	北京	シドニー	ロンドン	ニューヨーク			
4	1月	45.0	3.0	131.0	53.0	87.0		降水量の計算	
5	2月	60.0	6.0	126.0	40.0	83.0			
6	3月	100.0	9.0	164.0	37.0	104.0			
7	4月	125.0	26.0	133.0	38.0	107.0			
8	5月	138.0	29.0	101.0	46.0	112.0			
9	6月	185.0	71.0	140.0	46.0	93.0			
10	7月	126.0	176.0	56.0	56.0	111.0			
11	8月	148.0	182.0	99.0	59.0	102.0			
12	9月	180.0	49.0	65.0	50.0	99.0			
13	10月	164.0	19.0	88.0	57.0	90.0			
14	11月	89.0	6.0	116.0	64.0	114.0			
15	12月	46.0	2.0	85.0	48.0	99.0			
16	年間降水量	1406.0	578.0	1304.0	594.0	1201.0			
17	月平均降水量	117.2	48.2	108.7	49.5	100.1			
18	最大降水量	185.0	182.0	164.0	64.0	114.0			
19	最小降水量	45.0	2.0	56.0	37.0	83.0			

2． 次の商品単価表を使い，(1)〜(3)の処理を行うマクロを作成しなさい．

	A	B	C	D	E	F	G	H
1			商品単価表				計算表	
2								
3	商品コード	商品名	規格	単位	単価		商品コード	
4	2001	パソコン	PVC21	台	129,800		商品名	
5	2002	パソコン	PMC4Z	台	153,980		規格	
6	2030	プリンタ	PR21A	台	14,890		単位	
7	2035	プリンタ	PR23C	台	16,980		単価	
8	2036	ハードディスク	1TB	台	8,980		数量	
9	2055	ハードディスク	3TB	台	10,800		金額	
10	2056	BD-R	25GB	箱	1,980			
11	2066	SDカード	32GB	個	1,280			売上計算
12	2067	SDカード	64GB	個	1,980			

(1) ［**売上計算**］ボタンをクリックすると，次のユーザーフォームが表示される．

(2) 商品コードと数量を半角数字で入力すると，商品単価表から商品名・規格・単位・単価を検索し，売上金額を計算する．

(3) 商品単価表に商品コードがないときは，商品コード欄に「商品コードがありません」と表示する．

3． 次のようなブロック別の面積と人口の表があります．面積と人口の割合と順位（降順）を求めるマクロを作成しなさい．

4．次のような成績一覧表があります．(1), (2) の処理を行うマクロを作成しなさい．

(1) 文系と理系の科目の合計点を計算する．
(2) 文系と理系の科目の合計点の男女別平均点を計算する．

5．次のようなヨーロッパツアー一覧があります．(1), (2) の処理を行うマクロを作成しなさい．

(1) [**旅行費用の検索**]ボタンをクリックすると，次のユーザーフォームが表示される．

(2) 旅行先を入力した状態で[**検索**]ボタンをクリックすると，その旅行先の平均費用・最高費用・最低費用をユーザーフォームに表示する．

6．次のような成績一覧表があります．図のように5つのコマンドボタンを貼り付け，(1)〜(5)の処理を行うマクロを作成しなさい．

(1) [**成績順**]ボタンをクリックすると，合計点の降順，合計点が同じときはさらに英語の得点の降順に並べ替える．
(2) [**学生番号**]ボタンをクリックすると，学生番号の昇順に並べ替える．
(3) [**500点以上抽出**]ボタンをクリックすると，オートフィルターにより合計点が500点以上の学生を抽出する．
(4) [**240点以下抽出**]ボタンをクリックすると，フィルターオプションにより合計点が240点以下の学生を抽出する．
(5) [**印刷**]ボタンをクリックすると，成績一覧表を印刷する．

7．例題7-5のゴルフ部員名簿において，次の処理をVBAで行うマクロを作成しなさい．
(1) 学部の降順，学部が同じときは学年の昇順に並べ替える．
(2) オートフィルターにより，男性で経験年数4年以下の部員を抽出する．

（3）フィルターオプションにより，女性で文学部の部員を抽出する．

8．次のような車の販売成績一覧表があります．［**グラフの作成**］ボタンをクリックすると積み上げ縦棒グラフを表示し，［**印刷**］ボタンをクリックすると，表とグラフの印刷プレビュー画面を表示するマクロを作成しなさい．

9．第7章演習問題5のコマンドボタンによる処理を，クイックアクセスツールバーに登録して実行できるようにしなさい．

第8章 デバッグとエラー処理

これまでVBAプログラムの作成方法を学んできたが，その間には，プログラム作成中やプログラムの実行中にエラーが生ずることがあったと思う．この章では，エラーが発生した場合の処理の方法を学ぶ．

8・1 VBAのエラー

→ バグとは虫のこと．プログラム中のミスやエラーなどを虫にたとえた表現である．エラーを修正することをデバッグ（虫を取る）という．

プログラムの作成において，ミスをすることは多い．このようなプログラム上のミスのことを**バグ**という．プログラム中にバグがあると，多くの場合，VBAの入力時，実行時にエラーが発生する．このようなエラーには，構文エラー，実行時エラーおよび論理エラーなどの種類がある．

1 構文エラー

VBAのプログラムはVBAの文法にしたがって記述する必要があり，この文法に反する記述を行うとエラーが生ずる．このようなエラーを**構文エラー**という．構文エラーについては，VBEでのプログラム作成中，常に自動でチェックされており，エラーがあればその部分が青く塗りつぶされ，警告メッセージが表示されるため，修正するのは比較的容易である．

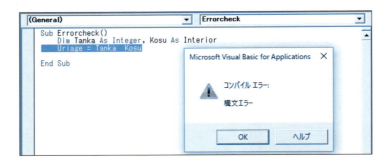

この場合は，乗算記号「*」が抜けているためにエラーが発生しているので，「Uriage = Tanka * Kosu」と正しく記述すればよい．

このような構文上のエラーチェックで問題がなければ，VBEは，入力されたコードの大文字・小文字や，空白の有無などを自動で調整してくれる．例えば，次のような変換が行われる．

```
Uriage=Tanka*Kosu    →  Uriage = Tanka * Kosu  ……… 空白が入る
range("A1").select   →  Range("A1").Select      ……… 小文字を大文字に変換
```

2 実行時エラー

構文にエラーがなくても，プログラムの実行時にエラーが生じることがある．これを**実行時エラー**という．次の例では，存在しないテキストボックス`TextBox1`の値を参照しているため，エラーメッセージが表示されている．

この他`Integer`型で宣言されている変数に文字を入れようとしたときなどにも，実行時エラーが発生する．

3 論理エラー

構文エラーもなく，実行時エラーが生じなくても，正しい処理結果が得られないこともある．例えば，コード内の計算式自体が間違っていれば，計算はされていても正しい結果は得られない．このようなエラーを**論理エラー**という．これは自分でプログラムをチェックして間違いを見つけるしかないため，一番厄介なエラーである．

8・2 デバッグの方法

構文エラーと実行時エラーは，警告メッセージやエラーメッセージによってエラーの原因がすぐにわかることが多いが，論理エラーはエラーメッセージが表示されないので，自分でエラーを見つけなければならない．

そこでVBEには，論理エラーをチェックする方法として，様々な機能が用意されている．

1 ブレークポイントの設定

プログラムの実行の流れを調べるために，プログラムの途中に**ブレークポイント**というマークを付けて，そこで実行を中断することができる．

手順 ❶ファイル「Error3.xlsm」を開いてVBEを表示し，[表示(V)] → [ツールバー(T)] → [デバッグ]をクリックして，「デバッグ」ツールバーを表示する．

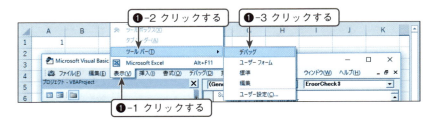

❷ブレークポイントを設定する行の左側をクリックする．これによって，左端に●マークが表示され，その行の背景色が赤茶色になる．

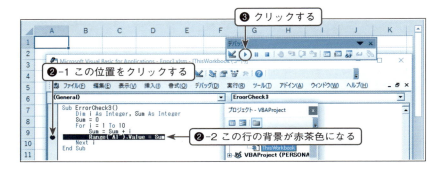

❸[Sub/ユーザーフォームの実行]ボタン ▶ をクリックし，プロシージャを実行する．

→ ❸，❺の操作は F5 キーを押してもよい．

❹ブレークポイントを設定した行が処理され（処理結果がワークシートの「A1」に表示される），その状態でプログラムの実行が中断する．

❺このとき[継続]ボタン ▶（[Sub/ユーザーフォームの実行]ボタンが一時的に変化したもの）をクリックすると，そのたびに現在のブレークポイントから次のブレークポイントまでのコードが実行される．クリックにしたがってセル「A1」の値が次々と変わることを確認する．

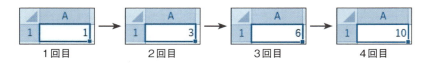

2 ステップインによる実行

プログラムを1行ずつ実行して，処理の流れを調べる機能を**ステップイン**という．

8・2 デバッグの方法 **127**

手 順

➡ ❶の操作は F8 キーを押してもよい

❶VBE画面で実行したいプロシージャにカーソルを置いて，[デバッグ(D)] → [ステップイン(I)] をクリックする．

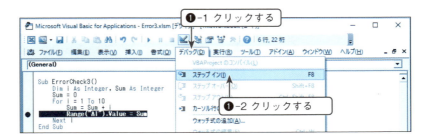

➡ 2行目のステートメントは変数の型宣言を行うもので，プログラムの内部的な処理であり実行には直接関係がないので飛ばされる．

❷現在，実行されているステートメントが黄色のマーカーで示される．

❸❶の操作を繰り返すたびに，1ステップずつステートメントが実行される．

➡ ❹では，Ctrl + Shift + F8 キーを押してもよい．

❹[デバッグ(D)] → [ステップアウト(U)] をクリックすると，プログラムの最後まで実行される．

 ローカルウィンドウの利用

プログラムをステップインで実行するとき，**ローカルウィンドウ**を開いておくと，各時点での変数の値を確認できる．

❶VBEの画面で [**表示(V)**] → [**ローカルウィンドウ(S)**] をクリックして，ローカルウィンドウを表示する．

❷[**デバッグ(D)**] → [**ステップイン(I)**] をクリックして，ローカルウィンドウに式（変数），値，型が表示されることを確認する．

➡ 図のローカルウィンドウでは，「Range("A1").Value = Sum」が2回目に実行されたときの値が表示されている．

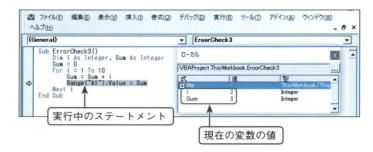

❸ステップインを実行するたびに，変数の値が次々と変わることを確認する．

このようにステップイン実行とローカルウィンドウを組み合わせて利用すると，実行中のプログラムの状態を把握できるので便利である．

4 ウォッチウィンドウの利用

ローカルウィンドウに表示されるのは，現在のプロシージャ内の変数の値だけであるが，**ウォッチウィンドウ**には，あらかじめ登録しておけば，すべてのモジュールのすべてのプロシージャの変数や式の値を表示できる．

手順 ➡

❶値を表示する変数や式をドラッグして選択する．

❷［デバッグ(D)］→［ウォッチ式の追加(A)］をクリックする．

❸「ウォッチ式の追加」ダイアログボックスが表示されるので，［式(E)］に❶で選択した変数や式が入っていることを確認する．

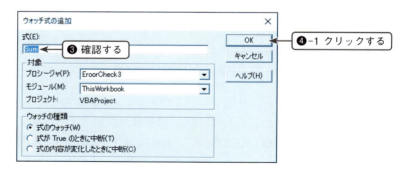

❹［OK］をクリックして，ウォッチウィンドウが表示されたことを確認する．

④-2 ウォッチウィンドウが表示される

❺ [デバッグ(D)] → [ステップイン(I)] を繰り返し，指定した変数や式が含まれるステートメントが実行されるたびに，それらの値が変化することを確認する．

➡ ❺で実行できないときには，メニューから [ツール(T)] → [マクロ] → [ステップイン] ボタンで実行できる．

❺-1 実行中のウィンドウが示される

❺-2 変数や式の値が表示される

8・3 エラーメッセージの表示

プログラムの実行中にエラーが発生した場合，VBAはエラーの内容を記したエラーメッセージを表示するが，このようなエラーメッセージはマクロ内に自分で定義することもできる．

例題 8-1　エラーメッセージの表示

　InputBox関数によるダイアログボックスでA，Bという2つの入力を受け取り，AをBで割った結果をMsgBox関数で表示するマクロを作成する．ただし，Bの値が0ときは右下のようなエラーメッセージを表示し，Aの入力画面に戻るものとする．また，計算結果を表示した後は再びAの入力画面が表示され，Aに0が入力されたとき，処理が終了するものとする．

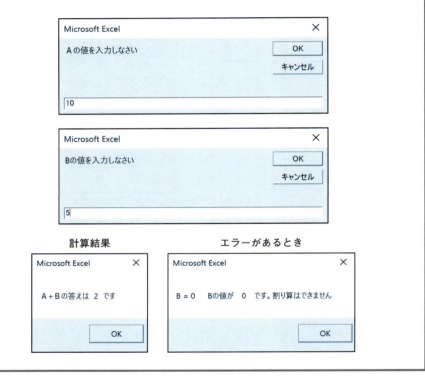

➡ 0で割り算することはできない．

❏ コードの入力

❶ VBEを起動する．

❷ [挿入(I)] → [標準モジュール(M)]を選択する．

❸ 表示されたコードウィンドウに，次のコードを入力する．

8・3 エラーメッセージの表示

➡ このプログラムは，次の①，②のいずれかの方法で実行できる．
① Excelのワークシート画面で［開発］タブ→［マクロ］をクリックして「マクロ」ダイアログボックスを表示し，「例題8-1」を実行する．
② VBE画面でコードウィンドウにカーソルを置いた状態で［Sub/ユーザーフォームの実行］ボタンをクリックする（または F5 キーを押す）．

□ コード例と説明

```
'エラーメッセージの表示
Sub 例題8-1()
    On Error GoTo Err_RTN:                              '①
    Dim A As Integer, B As Integer
    Dim myMsg As String
    Do
Input_RTN:
        myMsg = InputBox("Aの値を入力しなさい")         '③
        If myMsg = "" Then                              '④
            Exit Do                                     '⑤
        Else                                            '⑥
            A = Val(myMsg)                              '⑦
        End If                                          '⑧
        If A = 0 Then                                   '⑨
            Exit Do                                     '⑩
        End If                                          '⑪
        myMsg = InputBox("Bの値を入力しなさい")         '⑫
        If myMsg = "" Then
            Exit Do
        Else
            B = Val(myMsg)
        End If
        MsgBox "A÷Bの答えは " & A / B & " です "       '⑬
        GoTo Input_RTN                                  '⑭
Err_RTN:                                                '⑮
        MsgBox "B = " & B & "  Bの値が 0 です．割り算はできません"  '⑯
        Resume Input_RTN                                '⑰
    Loop
End Sub
```

① エラーが発生したときは，エラー処理を行う行ラベルErr_RTNに飛ぶ．
② エラー処理後の戻り先を示す行ラベルである．
③ InputBox関数によりAの値を文字列型で取得する．
④～⑥ myMsgが空白（キャンセルが押された）ときはループを抜ける．
⑦ 入力した値を数値化してAに入れる．
⑧ If文の終わり．
⑨～⑪ Aの値が0になると，Doループを抜け，処理を終わる．
⑫ InputBox関数によりBの値を取得する．
⑬ 計算結果をMsgBox関数で表示する．
⑭ Input_RTNに飛び，Aの値の取得に戻る．
⑮ エラー処理の始まりを示す行ラベル．
⑯ エラーメッセージを表示する．
⑰ Aの値の取得に戻る．

➡ ⑬では，"A÷Bの答えは"，A / B，"です"という3つの文字列を文字列結合演算子＆で結合して表示している．

□ On Errorステートメント
エラーが発生したときに指定された行ラベルまたは行番号の行にジャンプするステートメントである．

```
On Error Goto 行ラベル(行番号)
```

例1
```
On Error Goto Err_RTN
```

例2
```
On Error Goto 10
```

❏ **Resume ステートメント**　エラー処理が終わったときに戻る行を指定するステートメントである．

```
Resume  行ラベル（行番号）
```

```
Resume Input_RTN
```

演習問題

1．次の(1)～(3)の仕様を満たすマクロを作成しなさい．
　(1) ワークシートの[**今日の運勢**]というボタンをクリックすると，(a)のインプットボックスが表示されて，ユーザーの入力を受け取る．
　(2) メッセージボックスに，入力された値に応じたメッセージを入れて表示する．メッセージについては，入力された値が数字の0のときは「何でも積極的に」，1のときは「普通に」，2のときは「少し慎重に」，3のときは「万事控えめに」とする．99のときはマクロが終わるようにする．
　(3) 0～3と，99以外の数字を受け取ったときは，エラーとして，(c)のメッセージボックスを表示する．

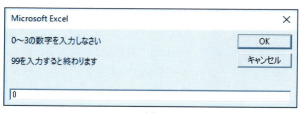
(a)

(b)

(c)

索　引

◆欧文

Activate メソッド………………………87
Add メソッド……………………83, 87
AdvanceFilter メソッド………………113
Array 関数………………………………75
AutoFilter メソッド……………………113
AVERAGE 関数…………………………104
ColorIndex プロパティ…………………29
Color プロパティ………………………29
CommandButton…………………………64
Copy メソッド……………………26, 85
Cut メソッド……………………………27
DAVERAGE 関数………………………110
Delete メソッド…………………………85
Dim ステートメント……………………22
Do While … Loop ステートメント……36
Do … Loop………………………………36
End Sub……………………………12, 19
End プロパティ…………………………91
Exit Do ステートメント………………36
Font オブジェクト………………………29
For … Next ステートメント……………38
FullName プロパティ…………………88
Function プロシージャ…………………17
If … Then … Else … End If ステートメント……28
If … Then … ElseIf … Else … End If
　ステートメント………………………31
InputBox 関数…………………………99
Interior オブジェクト…………………30
MsgBox 関数……………………………56
Name プロパティ………………………88
Offset プロパティ………………………25
On Error ステートメント……………131
Open メソッド…………………………86
Paste メソッド……………………26, 85
Path プロパティ…………………………88
PrintOut メソッド………………………99
PrintPreview メソッド…………………99
Public……………………………………18
R1C1 形式………………………………103
Range……………………………………11
RANK 関数……………………………104
Resume ステートメント………………132
RGB 関数…………………………………29
SaveAs メソッド………………………87
Select……………………………………12
Select Case ステートメント……………33
Sort メソッド…………………………112
Static……………………………………18
Sub プロシージャ………………………17
SUM 関数………………………………103
TextBox…………………………………64
VBA………………………………………1
VBA プロジェクト………………………17
VBE………………………………………1
　の画面構成……………………………8
VLOOKUP 関数………………………108
With ステートメント…………………30
Workbook オブジェクト………………87

◆あ行

イベント…………………………………63
イベントプロシージャ…………………63
色番号……………………………………29
印刷……………………………………100
　の設定………………………………101

用紙の設定 …………………………… 100
インデックス ……………………………… 45
ウォッチウィンドウ …………………… 128
エラーメッセージ ……………………… 129
オブジェクト ……………………………… 15
オプションボタン ………………………… 66

◆か行
仮引数 ……………………………………… 44
クイックアクセスツールバー ………… 117
クラスモジュール ………………………… 17
繰り返し処理 ……………………………… 35
降順 ………………………………………… 48
構文エラー ……………………………… 124
コード ……………………………………… 8
コードウィンドウ …………………… 8, 63
コマンドボタン …………………………… 62
コレクション ……………………………… 15
コントロール ……………………………… 59
コンボボックス …………………………… 68

◆さ行
サブプロシージャ ………………………… 42
算術演算子 ………………………………… 23
シート ……………………………………… 82
　　　の削除 ……………………………… 85
　　　の追加 ……………………………… 83
　　　名の変更 …………………………… 84
実行時エラー …………………………… 125
実引数 ……………………………………… 44
順位の算出 ……………………………… 104
条件が多いときの分岐 …………………… 33
条件による分岐 …………………………… 27
昇順 ………………………………………… 48
ショートカットキー (K) ………………… 3
図形の挿入 ………………………………… 13
ステートメント …………………………… 18

ステップイン …………………………… 126
スピンボタン ……………………………… 70
セルの絶対参照 …………………………… 25
セルのフォントの設定 …………………… 29
添字 ………………………………………… 45

◆た行
チェックボックス ………………………… 69
定数 ………………………………………… 21
データ型 …………………………………… 21
テキストボックス ………………………… 62
デバック ………………………………… 124

◆な行
並べ替え …………………………………… 48
二次元配列 ………………………………… 49
二重の繰り返し …………………………… 39

◆は行
配列 ………………………………………… 45
　　　宣言 …………………………… 45, 50
　　　名 …………………………………… 45
　　　要素 ………………………………… 45
バグ ……………………………………… 124
比較演算子 ………………………………… 28
引数 ………………………………………… 44
標準モジュール …………………………… 17
複数の条件による分岐 …………………… 31
ブック ……………………………………… 86
　　　の作成 ……………………………… 87
　　　の保存 ……………………………… 87
　　　名の参照 …………………………… 88
　　　のパス名 …………………………… 88
　　　を開く ……………………………… 86
フッターの設定 ………………………… 101
ブレークポイント ……………………… 125
プロシージャ ………………………… 11, 17

名 …………………………………………… 18
プロジェクトエクスプローラー ………… 8, 16
プロパティ ………………………………… 16
プロパティウィンドウ ……………………… 8
平均の算出 ……………………………… 104
ヘッダーの設定 ………………………… 101
変数 ………………………………………… 21
　　　名 …………………………………………… 21

◆ま行

マクロ ……………………………………… 1
　　　の記録 …………………………………… 4
　　　の削除 …………………………………… 6
　　　の実行 …………………………………… 5
　　　の自動記録 …………………………… 2
　　　の修正 …………………………………… 8
　　　の保存 …………………………………… 5
見出しの印刷 …………………………… 100
メインプロシージャ ……………………… 42

メソッド …………………………………… 15
メッセージボックス …………………… 12, 56
文字色の設定 …………………………… 29
モジュール ………………………………… 17
文字列結合演算子 ……………………… 23

◆や行

ユーザーフォーム ………………………… 58
ユーザーフォームモジュール …………… 17
余白の設定 ……………………………… 101

◆ら行

ラベル …………………………………… 60
　　　の貼り付け …………………………… 60
　　　の文字と位置の変更 ……………… 61
ローカルウィンドウ ……………………… 127
論理エラー ……………………………… 125
論理演算子 ……………………………… 28
論理式 …………………………………… 28

【著者紹介】

若山芳三郎（わかやま・よしさぶろう）

学　歴　日本大学工学部電気工学科卒業（1957）
職　歴　東京都総合技術教育センター（現 東京都教職員研修センター）
　　　　（社）全国工業高等学校長協会
　　　　大妻女子大学短期大学部非常勤講師

学生のための Excel VBA　第2版

2003 年 3 月 10 日　第 1 版 1 刷発行　　　　　　　ISBN 978-4-501-55450-7 C3004
2015 年 5 月 20 日　第 1 版 7 刷発行
2016 年 11 月 10 日　第 2 版 1 刷発行
2023 年 3 月 20 日　第 2 版 3 刷発行

著　者　若山芳三郎
　　　　©Wakayama Yoshisaburou 2003, 2016

発行所　学校法人 東京電機大学　　〒120-8551　東京都足立区千住旭町 5 番
　　　　東京電機大学出版局　　　　Tel. 03-5284-5386（営業）　03-5284-5385（編集）
　　　　　　　　　　　　　　　　　Fax. 03-5284-5387　振替口座 00160-5-71715
　　　　　　　　　　　　　　　　　https://www.tdupress.jp/

JCOPY ＜(社)出版者著作権管理機構　委託出版物＞
本書の全部または一部を無断で複写複製（コピーおよび電子化を含む）することは，著作権法上での例外を除いて禁じられています。本書からの複製を希望される場合は，そのつど事前に，(社)出版者著作権管理機構の許諾を得てください。また，本書を代行業者等の第三者に依頼してスキャンやデジタル化をすることはたとえ個人や家庭内での利用であっても，いっさい認められておりません。
［連絡先］Tel. 03-5244-5088，Fax. 03-5244-5089，E-mail: info@jcopy.or.jp

編集協力・組版：(株)トップスタジオ　　印刷：(株)ルナテック　　製本：誠製本(株)
装丁：大貫伸樹
落丁・乱丁本はお取り替えいたします。　　　　　　　　　　　　　　Printed in Japan

本書で取り扱った主なプロパティ

名称	機能	使用例		頁
ActiveCell	アクティブセルを参照	ActiveCell.Value = Uriage	アクティブセルにUriageの値を代入する	28
ActiveSheet	アクティブシートを参照	ActiveSheet.Paste	アクティブシートにクリップボードの内容を貼り付ける	26
Cells	セルやセル範囲を参照	Cells(4, 2).Select	4行2列(B4)のセルを選択する	25
Color ColorIndex	文字などの色を取得・設定	Range("B2").Font.Color = RGB(255, 0, 0)	セル「B2」の文字をRGB(255,0,0)(赤)にする	29
		Range("A1").Font.ColorIndex = 5	セル「A1」の文字を色番号5(青)にする	
End	対象セル領域の終端セルを参照	Range("G1048576").End(xlUp).Activate	G列の最下行のセルからG列のデータが存在する一番下のセルにジャンプする	91
Font	セル内のフォント情報を取得・設定	Range("B8").Font.Size = 16	セル「B8」の文字を16ポイントにする	29
FullName	ブックのパスとファイル名を取得・設定	Range("A3").Value = ActiveWorkbook.FullName	セル「A3」にアクティブブックのパスとファイル名を入れる	88
Interior	セルの塗りつぶしを取得・設定	Range("A1").Interior.Color = RGB(0, 0, 255)	セル「A1」をRGB(0,0,255)(青)で塗りつぶす	30
Left	グラフの左端からの列位置を取得・設定	ChartObject(1).Left = .Columns(2).Left	グラフを左端から2列目に表示する	117
Name	フォント名を取得・設定．シート名，ブック名の取得	Range("A8").Font.Name = "MS明朝"	フォントをMS明朝にする	30
NumberFormatLocal	表示形式を取得・設定	Range("A1").NumberFormatLocal = "###.0"	整数3桁，小数以下1桁で，小数以下が0のときには0を表示する	104
Offset	アクティブセルを指定した行数・列数だけ移動したセルを参照	ActiveCell.Offset(1, 3)	アクティブセルから1行下，3列右に移動したセルを参照する	26 94
Path	ブックのパスを取得・設定	Range("A2").Value = ActiveWorkbook.Path	セル「A2」にアクティブブックのパスを入れる	88
Selection	選択されたオブジェクトを参照	Selection.Copy	選択されたオブジェクトをコピーする	26
Text	セルに表示する文字列を取得・設定	ChartTitle.Text = "成績グラフ"	グラフのタイトル文字を設定する	116
Top	グラフの上からの行位置を取得・設定	ChartObject(1).Top = Rows(8).Top	グラフを上から8行目に表示する	117
Value	セルの値を取得・設定	Range("B2").Value = "VBA"	セル「B2」に値「VBA」を設定する	11